# Conteúdo digital exclusivo!

Cadastre-se e transforme seus estudos em uma experiência única de aprendizado!

## Acesse agora

**Portal:**

www.editoradobrasil.com.br/crescer

**Código de aluno:**

3132286A1410588

CB015109

**Editora do Brasil**

Andressa Turcatel Alves Boligian • Camila Turcatel Alves e Santos • Levon Boligian

# CRESCER

## Geografia

4º ano

75 anos

Editora
do Brasil

**Dados Internacionais de Catalogação na Publicação (CIP)**
**(Câmara Brasileira do Livro, SP, Brasil)**

Boligian, Andressa Turcatel Alves
    Crescer geografia, 4º ano / Andressa Turcatel Alves Boligian, Camila Turcatel Alves e Santos, Levon Boligian. – 1. ed. – São Paulo: Editora do Brasil, 2018. – (Coleção crescer)

    ISBN 978-85-10-06823-9 (aluno)
    ISBN 978-85-10-06824-6 (professor)

    1. Geografia (Ensino fundamental) I. Santos, Camila Turcatel Alves e. II. Boligian, Levon. III. Título. IV. Série.

18-15603                 CDD-372.891

**Índices para catálogo sistemático:**
1. Geografia: Ensino fundamental 372.891
Maria Alice Ferreira - Bibliotecária - CRB-8/7964

1ª edição / 1ª impressão, 2018
Impresso no Parque Gráfico da Editora FTD

**Editora do Brasil**

Rua Conselheiro Nébias, 887
São Paulo, SP – CEP 01203-001
Fone: +55 11 3226-0211
www.editoradobrasil.com.br

abdr
ASSOCIAÇÃO BRASILEIRA DOS DIREITOS REPROGRÁFICOS
Respeite o direito autoral

© Editora do Brasil S.A., 2018
*Todos os direitos reservados*

**Direção-geral:** Vicente Tortamano Avanso

**Direção editorial:** Felipe Ramos Poletti
**Gerência editorial:** Erika Caldin
**Coordenação de arte:** Cida Alves
**Supervisão de revisão:** Dora Helena Feres
**Supervisão de iconografia:** Léo Burgos
**Supervisão de digital:** Ethel Shuña Queiroz
**Supervisão de controle de processos editoriais:** Marta Dias Portero
**Supervisão de direitos autorais:** Marilisa Bertolone Mendes

**Supervisão editorial:** Júlio Fonseca
**Consultoria técnica:** Hilda Cardoso Sandoval e Waldirene Ribeiro do Carmo
**Edição:** Alício Leva e Gabriela Hengles
**Assistência editorial:** Lara Carolina Chacon Costa e Manoel Leal de Oliveira
**Coordenação de revisão:** Otacilio Palareti
**Copidesque:** Gisélia Costa, Ricardo Liberal e Sylmara Beletti
**Revisão:** Alexandra Resende, Andréia Andrade, Elaine Cristina da Silva e Maria Alice Gonçalves
**Pesquisa iconográfica:** Elena Ribeiro, Isabela Meneses e Marcia Sato
**Assistência de arte:** Letícia Santos
**Design gráfico:** Andrea Melo
**Capa:** Megalo Design e Patrícia Lino
**Imagem de capa:** Carlos Meira
**Ilustrações:** Cláudio Chiyo, Danillo Souza, DAE (Departamento de Arte e Editoração), Evandro Luiz, Fábio Nienow, Isabela Santos, José Wilson Magalhães, Luis Moura, Paula Radi, Raitan Ohi, Reinaldo Rosa, Ricardo Dantas e Vagner Coelho
**Produção cartográfica:** DAE (Departamento de Arte e Editoração), Sônia Vaz e Alessandro Passos da Costa
**Coordenação de editoração eletrônica:** Abdonildo José de Lima Santos
**Editoração eletrônica:** Estação das Teclas
**Licenciamentos de textos:** Cinthya Utiyama, Paula Harue Tozaki e Renata Garbellini
**Controle de processos editoriais:** Bruna Alves, Carlos Nunes, Jefferson Galdino, Rafael Machado e Stephanie Paparella

# Querido aluno,

Gostaríamos de lhe dar as boas-vindas.

Agradecemos a você por estar conosco em mais uma incrível aventura do conhecimento.

Que tal conhecer melhor os lugares e as coisas com as quais convivemos diariamente?

Ao estudar com o auxílio deste livro, esperamos que sua curiosidade seja despertada e que você possa ver o mundo que já existe à sua volta com outros olhos. Gostaríamos também que seus sentidos fossem estimulados a conhecer e reconhecer um mundo novo, que precisa de seu cuidado.

Neste livro do 4º ano, você aprofundará os estudos sobre seu município: o espaço urbano, o espaço rural e as atividades econômicas neles desenvolvidas.

Os autores

MuchMania/Shutterstock.com

# Sumário

Jurik Peter/Shutterstock.com

Doggygraph/Shutterstock.com

# O município

Observe atentamente a imagem ilustrada a seguir.

**1.** Depois de ter observado, procure identificar:

- a cidade;
- o espaço rural;
- um dos limites do município.

# O território brasileiro

Você conhece o nome dos estados do Brasil? Quantos são? Qual é o nome do município onde você mora?

Vamos falar sobre divisões territoriais? Para começar, veja o mapa dos municípios do estado de Roraima e a localização desse estado no mapa do Brasil.

### Roraima: municípios – 2017

Fonte: *IBGE 7 a 12*. Disponível em: <http://goo.gl/R81jMc> e *IBGE Cidades*. Disponível em: <http://goo.gl/bXFSj7>. Acessos em: nov. 2017.

Agora responda:

1. Quantos municípios existem no estado de Roraima?

---

**Município** é a menor divisão político-administrativa do território brasileiro. Atualmente, o Brasil está dividido em **5 570** municípios. Esses municípios estão distribuídos pelos estados, como no caso do estado de Roraima, que tem apenas 15 municípios.

Os **estados** são as maiores divisões político-administrativas do território brasileiro. No Brasil existem 26 estados. Além disso, existe uma unidade territorial especial, que é o **Distrito Federal**, onde fica a capital do país, cujo nome é Brasília.

Veja o mapa do Brasil com a divisão dos estados, suas capitais e o Distrito Federal. Esse tipo de divisão recebe o nome de **divisão política**. Com os colegas e o professor, observe com atenção esse mapa e faça as atividades.

### Brasil: político – 2016

Fonte: *Atlas geográfico escolar*. 7. ed. Rio de Janeiro: IBGE, 2016. p. 90.

1. Qual é o nome do estado onde você vive?

2. Observe no mapa que, junto ao nome de cada estado, há uma **sigla**. Dentro do limite de cada estado também aparece o nome e a localização das capitais. Você deverá organizar essas informações em uma tabela. Siga os exemplos e termine a tabela no caderno ou em uma folha à parte. Não se esqueça de usar letras maiúsculas para escrever a sigla dos estados.

> **Sigla:** conjunto de letras que reduzem uma palavra importante, por exemplo, o nome dos estados brasileiros.

| Nome do estado | Capital do estado | Sigla do estado |
| --- | --- | --- |
| Acre | Rio Branco | AC |
| Alagoas | Maceió | AL |
| Amapá | Macapá | AP |

Fonte: *Atlas geográfico escolar*. 7. ed. Rio de Janeiro: IBGE, 2016.

# Os territórios dos municípios

Você sabe como os municípios estão organizados? Os espaços urbano e rural fazem parte de um mesmo município? Quem vive nos municípios? Para conhecermos melhor algumas características dos municípios brasileiros, vamos ver o que nos diz o morador de um deles. Leia com atenção.

> MEU NOME É DIEGO. EU VIVO EM PETROLINA, NO ESTADO DE PERNAMBUCO. AQUI, A ALGUNS QUARTEIRÕES DA MINHA ESCOLA, POSSO VER UMA PAISAGEM BEM BONITA, A DO RIO SÃO FRANCISCO. O "VELHO CHICO", APELIDO CARINHOSO DESSE GRANDE RIO, É O LIMITE ENTRE PETROLINA E O MUNICÍPIO DE JUAZEIRO, QUE FICA NO ESTADO DA BAHIA.

Cidade de Petrolina (PE)

Ponte Presidente Dutra

Rio São Francisco

Cidade de Juazeiro (BA)

Vista das cidades de Petrolina, em Pernambuco; e Juazeiro, na Bahia, no ano de 2012.

**1.** Diego deu algumas informações sobre o município onde mora e sobre o município vizinho. Com base no que ele disse e na sua observação da paisagem mostrada na fotografia da página anterior, responda às questões a seguir.

**a)** Em que estado brasileiro se localiza o município de Petrolina?

_____

_____

**b)** Em que estado brasileiro se localiza o município de Juazeiro?

_____

_____

**c)** Que elemento é o limite entre os municípios de Petrolina e Juazeiro?

_____

_____

**d)** Como o Rio São Francisco foi carinhosamente apelidado?

_____

_____

**e)** O limite entre os municípios mostrado na imagem é um elemento natural ou um elemento cultural (criado pelas pessoas)? Explique.

_____

_____

**f)** Qual é o elemento que liga, ou seja, une os dois municípios? É um elemento natural ou cultural? Explique.

_____

_____

**2.** Em uma roda de conversa, junto com os colegas e o professor, falem sobre o que é município e o que é cidade. Será que são a mesma coisa? Em seguida, escreva no caderno suas conclusões sobre esses termos.

# Mapas

## A divisão regional oficial do Brasil

Petrolina é um município de Pernambuco, estado que fica na Região Nordeste do Brasil. Dividir o território brasileiro em regiões é outra maneira de organizá-lo para entendermos melhor sua diversidade. O Instituto Brasileiro de Geografia e Estatística, mais conhecido pela sigla **IBGE**, divide o território do Brasil em cinco grandes regiões: **Norte**, **Nordeste**, **Centro-Oeste**, **Sudeste** e **Sul**. Conheça essa divisão por meio do mapa e, em seguida, faça o que se pede.

### Brasil: divisão regional oficial – 2016

Fonte: *Atlas geográfico escolar*. 7. ed. Rio de Janeiro: IBGE, 2016. p. 94.

**1.** Compare os mapas das páginas 8 e 9 e o mapa desta seção. Agora identifique a finalidade de cada mapa e ligue corretamente os nomes da coluna da esquerda à coluna da direita.

| | |
|---|---|
| mapa da página 8 | grandes regiões brasileiras |
| mapa da página 9 | território dos municípios |
| mapa desta seção | território dos estados do Brasil |

# Cidade-sede: lugar do poder no município

Veja as fotografias a seguir:

Prefeitura Municipal de Petrolina, Pernambuco, 2017.

Câmara de Vereadores de Petrolina, Pernambuco, 2017.

Você sabe que lugares são esses mostrados nas imagens? No município onde você vive também existe uma prefeitura e uma câmara de vereadores? Você sabe quem trabalha nesses lugares? O que essas pessoas fazem? Onde ficam esses prédios em sua cidade?

A **cidade-sede** de um município, que também pode ser chamada apenas de **cidade**, é onde se encontram a **prefeitura** e a **câmara de vereadores**. Na Prefeitura realizam-se as tarefas de administração da cidade, na Câmara de Vereadores, criam-se as leis municipais. Todo o território de um município é governado por um **prefeito** ou **prefeita** e por um grupo de **vereadores** e de **vereadoras**. Esses políticos são eleitos pela população local a cada quatro anos.

Veja nas imagens a seguir o que eles fazem.

O prefeito (ou a prefeita) tem o poder de governar dentro do limite do município pelo qual foi eleito. Ele é responsável, por exemplo, por administrar as áreas públicas do município e promover serviços como a coleta de lixo, a construção de casas para a população carente, a construção e a manutenção de escolas e de postos de saúde.

Os vereadores e as vereadoras fiscalizam as obras e as ações executadas pelo prefeito e por seus secretários, bem como criam leis que os auxiliam a governar melhor o município.

**1.** Leia as notícias a seguir.

## Prefeito assina documento que autoriza construção de três creches em Salvador.

Disponível em: <www.correio24horas.com.br/detalhe/salvador/noticia/prefeito-assina-documento-que-autoriza-construcao-de-tres-creches-em-salvador/?cHash=59d06a721d62fe9c153fb74d326de36d>. Acesso em: maio 2017.

## Vereadores pedem nova ambulância para a Secretaria da Saúde de São Joaquim.

Disponível em: <http://saojoaquimonline.com.br/2017/02/06/vereadores-pedem-nova-ambulancia-para-sao-joaquim>. Acesso em: maio 2017.

Agora responda:

**a)** Que ação está sendo realizada:

- pelo prefeito de Salvador, Bahia?

_____

_____

- pelos vereadores de São Joaquim, Santa Catarina?

_____

_____

**b)** A quem beneficia:

- a construção de creches?

_____

_____

- a compra de ambulâncias?

_____

_____

# ⚜ O município e seus limites

Você sabe o que são limites? Existem limites entre um município e outro? Como são esses limites? Podemos vê-los?

Observe a imagem de satélite e responda: Qual é o limite entre os dois municípios?

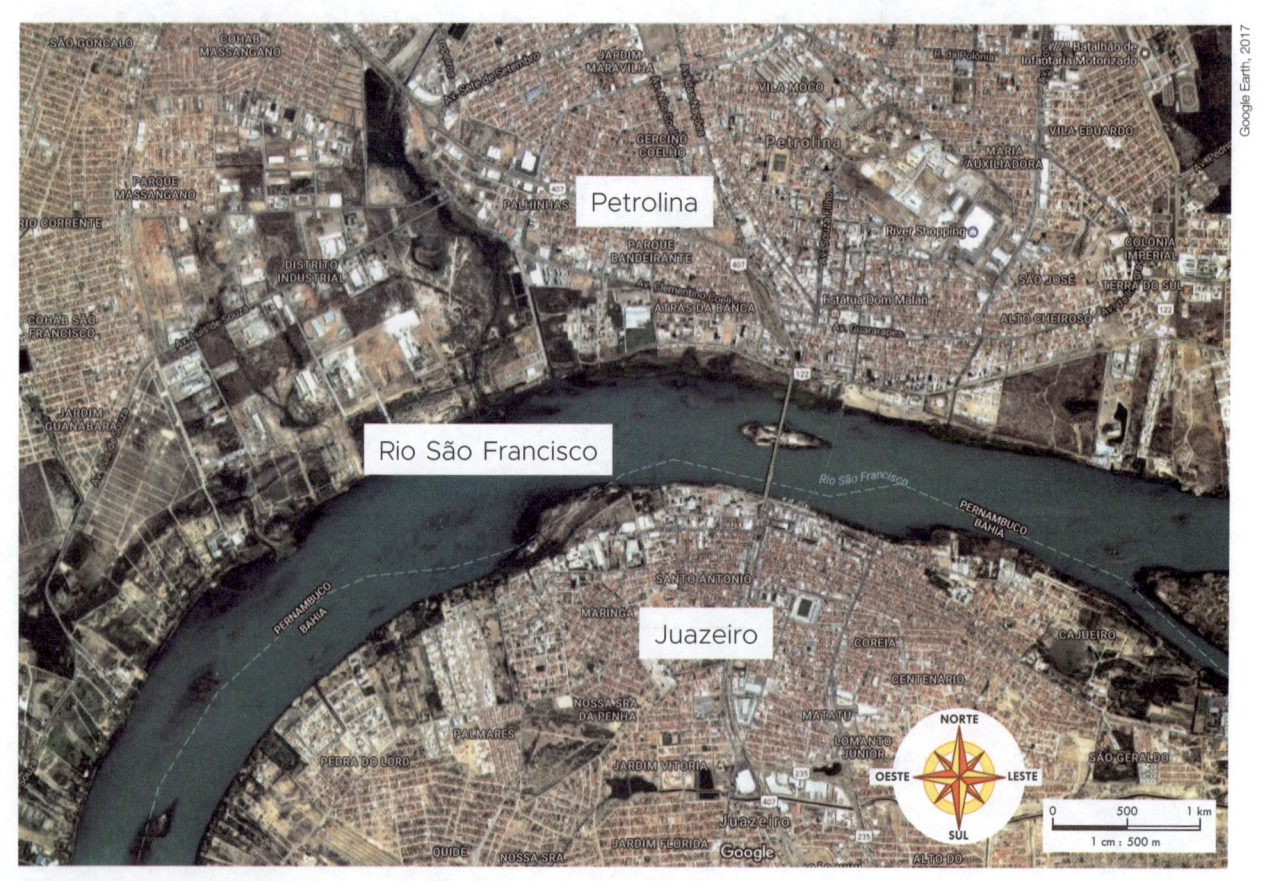

Limite entre os municípios de Petrolina e Juazeiro.

Como vimos, o limite entre os municípios de Petrolina e Juazeiro é o Rio São Francisco, um elemento natural que pode ser observado na paisagem. Mas, para estabelecer os limites entre os municípios, também podem ser usados outros elementos naturais, como serras, morros, lagos e riachos.

Além de elementos naturais, os limites podem ser estabelecidos por meio de elementos criados pela sociedade – os elementos culturais –, como pontes ou viadutos, ruas ou rodovias, ou mesmo os chamados **marcos**, que são instalados sobre o terreno, como placas e monumentos.

Veja exemplos na página seguinte.

Alexandre Tokitaka/Pulsar Imagens

O espaço ajardinado da fotografia é o Largo do Taboão. Ele é um dos limites entre os municípios de São Paulo e Taboão da Serra, no estado de São Paulo, 2015.

Rogério Reis/Pulsar Imagens

LIMITE DE MUNICÍPIOS

Nova Olinda
Crato

Uma placa é utilizada como marco para indicar o limite entre os municípios de Nova Olinda e Crato, no estado do Ceará, 2015.

**1.** Como vimos, os limites estabelecem a extensão do território de um município. Observe no desenho abaixo que os limites do município representado foram definidos por meio de linhas da cor vermelha. Sabendo disso, faça o que se pede.

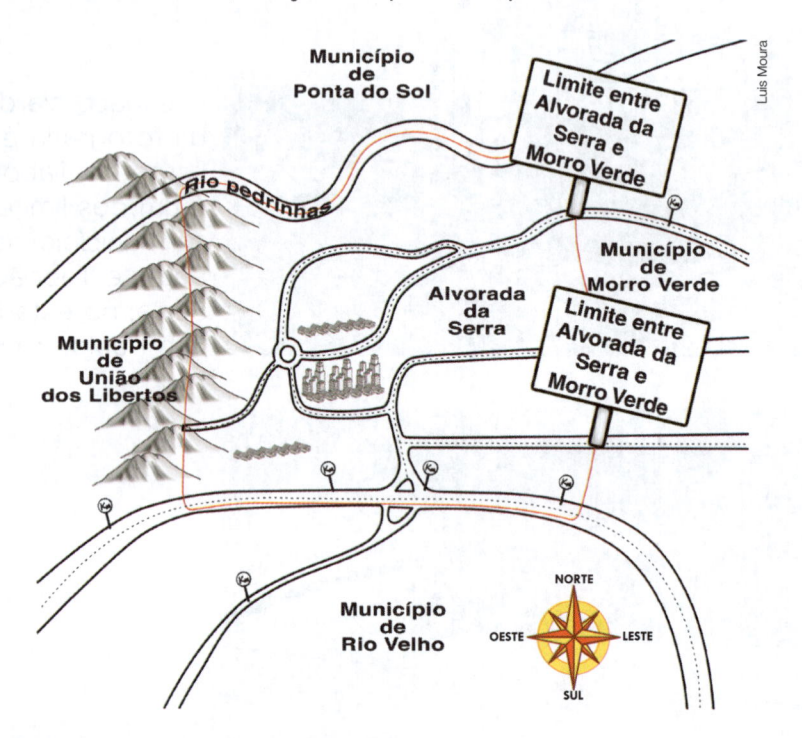

**a)** Pinte o município de Alvorada da Serra de VERDE.

**b)** Pinte os outros municípios de AMARELO.

**c)** Escreva o nome dos elementos que servem como limite entre os municípios a seguir.

• Alvorada da Serra e Ponta do Sol

_____

• Alvorada da Serra e Morro Verde

_____

• Alvorada da Serra e Rio Velho

_____

• Alvorada da Serra e União dos Libertos

_____

**d)** Agora trace com lápis preto o limite do município de Alvorada da Serra com os outros municípios.

# Os pontos cardeais e colaterais

## Rosa dos ventos

Observe novamente os mapas das páginas 8, 9 e 12 e identifique, em cada um deles, a presença deste símbolo: . Você sabe o nome desse símbolo? Para que ele serve?

Se você respondeu que não, já entenderá!

Vamos relembrar quais são os **pontos cardeais**? Conte aos colegas quais são eles.

Além dos pontos cardeais, existem outros pontos de referência que mostram de maneira mais precisa a direção de um lugar ou de um objeto na superfície da Terra. São os chamados **pontos colaterais**. Veja:

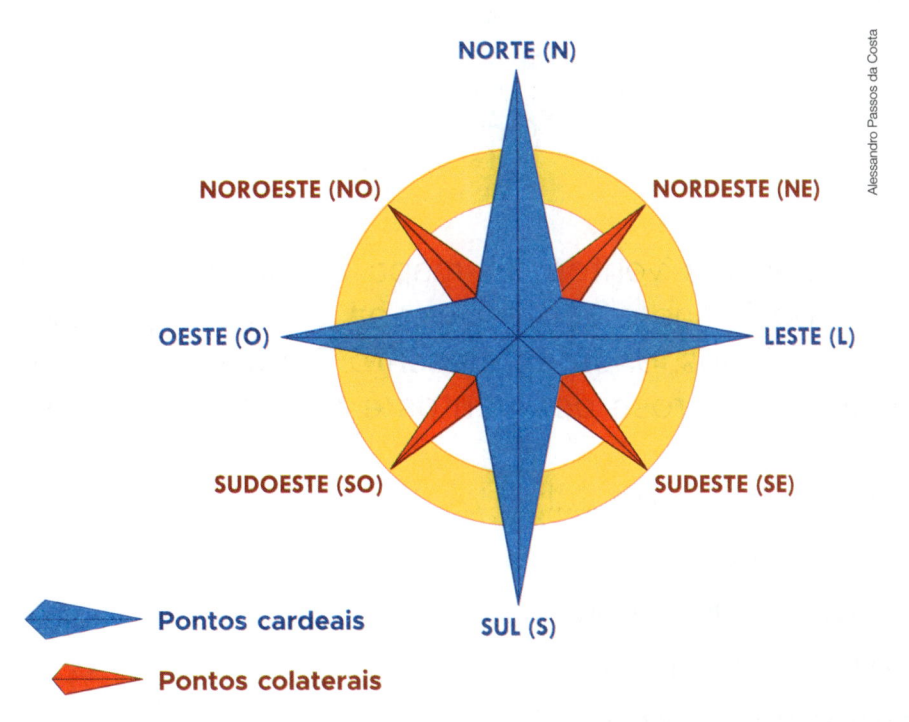

NORTE (N)
NOROESTE (NO)
NORDESTE (NE)
OESTE (O)
LESTE (L)
SUDOESTE (SO)
SUDESTE (SE)
SUL (S)

Alessandro Passos da Costa

Pontos cardeais
Pontos colaterais

Todos esses pontos de referência, que indicam as direções, podem ser representados por meio de um desenho que os cartógrafos chamam de **rosa dos ventos**. Observe-o acima.

**1.** Vamos encontrar os municípios que fazem limite com o município de Rio do Sul, no estado de Santa Catarina? Veja o mapa abaixo e faça o que se pede. O professor o auxiliará nessa tarefa.

### Rio do Sul (SC): municípios vizinhos – 2017

Fonte: IBGE. *Mapa político do estado de Santa Catarina*, 2015. Disponível em: <http://goo.gl/Qc4p8J>. Acesso em: nov. 2017.

Copie a rosa dos ventos do mapa acima em uma folha avulsa. Em seguida, posicione-a sobre o mapa do município de Rio do Sul e municípios vizinhos, onde está escrito Rio do Sul. Observe as direções indicadas pela rosa dos ventos e diga o nome dos municípios que estão:

**a)** ao **norte** de Rio do Sul;

**b)** ao **sul** de Rio do Sul;

**c)** a **oeste** de Rio do Sul;

**d)** a **leste** de Rio do Sul;

**e)** a **sudoeste** de Rio do Sul;

**f)** a **nordeste** de Rio do Sul;

**g)** a **noroeste** de Rio do Sul;

**h)** a **sudeste** de Rio do Sul.

# A população do município

Os personagens Chico Bento e Zeca, criados pelo ilustrador Mauricio de Sousa, têm em comum o fato de serem primos. Mas o dia a dia deles é bem diferente: enquanto Chico Bento vive no campo, ou espaço rural, Zeca vive na cidade, que também chamamos de espaço urbano. Assim como eles, a população dos municípios pode tanto viver no campo quanto nas cidades.

Crianças chegam à escola na cidade do Rio de Janeiro, estado do Rio de Janeiro, em 2012. As crianças que vivem nas **cidades** também compõem a **população urbana**.

Crianças chegam à escola no espaço rural do município de Matão, São Paulo, em 2006. As crianças que vivem no **campo** também compõem a **população rural**.

No Brasil, atualmente, vivem aproximadamente:

- 160 milhões de pessoas no espaço urbano;
- 30 milhões de pessoas no espaço rural.

> **População urbana**: é o conjunto de pessoas que vivem no espaço urbano, ou seja, na cidade.
> **População rural**: é o nome que recebe a população que vive no espaço rural.

Pode-se verificar, então, que a maior parte dos brasileiros vive nas cidades, não é mesmo? Entretanto, isso não ocorre em todos os lugares. A população urbana e a rural podem ser maiores ou menores, dependendo do município.

A tabela a seguir indica o número de pessoas que compõem a população urbana e rural de alguns municípios brasileiros. Analise os dados com atenção:

| Municípios selecionados: população urbana, rural e total – 2017 | | | |
|---|---|---|---|
| Município | População urbana | População rural | População total |
| Santa Rosa do Purus (AC) | 1892 | 2799 | 4691 |
| Fortaleza (CE) | 2452185 | 0 | 2454185 |
| Barbacena (MG) | 115568 | 10716 | 126284 |
| Lins (SP) | 70597 | 835 | 71432 |
| Manaus (AM) | 1792881 | 9133 | 1802014 |
| Nazaré do Piauí (PI) | 3503 | 3818 | 7321 |

*IBGE*. Disponível em: <http://cidades.ibge.gov.br/v3/cidades/home-cidades>. Acesso em: maio 2017.

1. Comparando os números da tabela acima, faça o que se pede.

   a) Qual município tem a maior população URBANA em relação a sua população RURAL?

   _____

   b) Quais municípios têm a maior população RURAL em relação a sua população URBANA?

   _____

   c) Organize os nomes dos municípios por ordem decrescente (do maior para o menor) em relação à sua população total.

   _____

   _____

# O que é população?

Podemos concluir que **população** é o conjunto de pessoas (habitantes) que vive em determinado lugar no campo ou na cidade, em um país, estado ou município. A população é composta de crianças, jovens, adultos e idosos.

# Nos municípios há pessoas de diferentes lugares

Lembra-se de Diego, o personagem do início desta unidade? Ele tem algo a mais para nos contar.

**Comunidade quilombola:** pequena vila rural onde vivem brasileiros que descendem de povos africanos.

OI, VOLTEI PARA DIZER QUE NASCI AQUI MESMO, EM PETROLINA. MAS MEU PAI NASCEU NO CAMPO, EM UMA COMUNIDADE QUILOMBOLA, NO MESMO ESTADO DE PERNAMBUCO. JÁ MINHA A MÃE NASCEU NA CIDADE DE SÃO PAULO. E VOCÊ E SEUS FAMILIARES, DE ONDE SÃO?

Danillo Souza

Em casa, pergunte a seus pais ou a quem for responsável por você: Onde nasceram? No campo ou na cidade? Qual é o nome do estado e do município? Caso eles não morem mais no município onde nasceram, descubra os motivos que os levaram a se mudar de lá. Escreva no caderno tudo o que eles disserem a você e traga essas informações para a sala de aula. Ouça também o que seus colegas descobriram em casa e troquem ideias a respeito disso, junto com o professor.

## Para saber mais

Mas como é possível saber quantas pessoas vivem em cada município e no país todo?

No Brasil, para conhecer melhor a população que habita o país, é feita uma pesquisa pelo IBGE a cada período de 10 anos. Essa pesquisa chama-se **censo demográfico** ou **censo populacional**. O objetivo do censo é obter informações sobre a quantidade e as principais características da população de cada município brasileiro.

Raitan Ohi

# Quem nasce em Petrolina é...

Como se chama a pessoa que nasce em Petrolina?

Se você disse petrolinense, acertou o gentílico! Mas o que é gentílico?

**Gentílico** é o adjetivo que indica o lugar onde determinada pessoa nasceu. Assim recebemos três gentílicos: um para o país, um para o estado e um para município onde nascemos.

Por exemplo, quem nasce no **Brasil** é **brasileiro**. Quem nasce no estado do **Tocantins** é **tocantinense**. Já quem nasce em **Palmas**, capital do Tocantins, é **palmense**.

Veja outros exemplos:

Quem nasce na Itália é italiano.

Quem nasce na China é chinês.

Reinaldo Rosa

Quem nasce na Rússia é russo.

**Gentílicos de alguns municípios brasileiros**

• Quem nasce em Salvador, capital da Bahia, é soteropolitano.

• Quem nasce em São Paulo, capital do estado de mesmo nome, é paulistano.

• Quem nasce em Ouro Preto, em Minas Gerais, é ouro-pretano.

• Quem nasce no Rio de Janeiro, capital do estado de mesmo nome, é carioca.

**1.** É a sua vez! Complete as frases abaixo com seus gentílicos.

a) Se eu nasci no Brasil, eu sou _____.

b) Se eu nasci no estado de (do) _____,

sou _____.

c) Se eu nasci no município de (do) _____,

sou _____.

# Painel "De olho nos poderes municipais"

Além de votar, outra obrigação de todos os cidadãos é acompanhar as ações dos poderes públicos do município onde vivem. Devemos sempre estar atentos ao que o prefeito está executando de melhorias nos espaços urbano e rural e também às leis e aos projetos que os vereadores estão propondo na câmara. Além disso, devemos cobrar as promessas de campanha e ações para os problemas mais urgentes do município.

Você e seus colegas montarão um painel seguindo as orientações abaixo.

1. Em uma folha de cartolina ou outro tipo de papel, de tamanho grande, desenhem dois grandes esquemas: um para representar os componentes da prefeitura e outro para os componentes da câmara de vereadores. Vejam os exemplos a seguir:

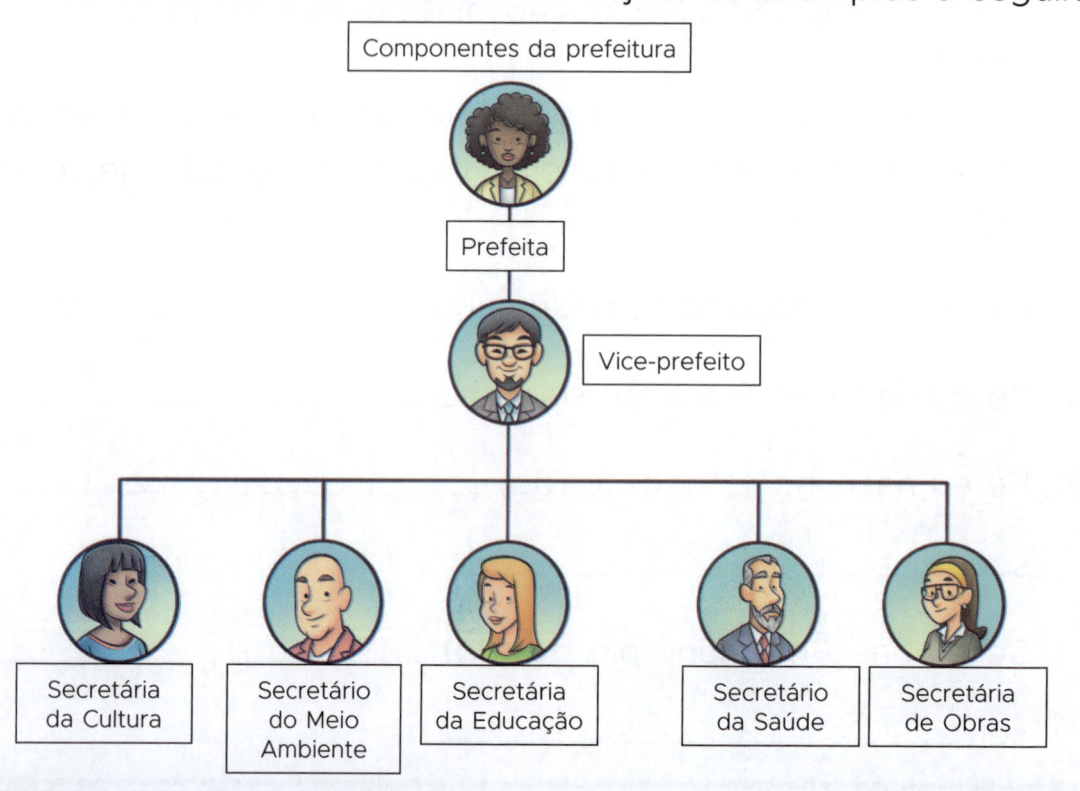

Reinaldo Rosa

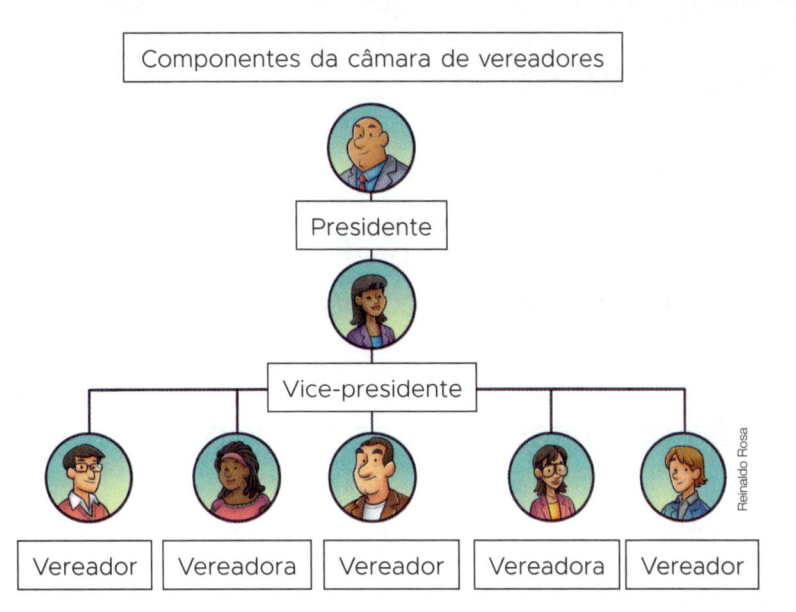

Componentes da câmara de vereadores

Presidente

Vice-presidente

Vereador  Vereadora  Vereador  Vereadora  Vereador

Reinaldo Rosa

**2.** Na parte superior do painel, escrevam: o nome do município e o estado onde está localizado. Em seguida, desenhem a bandeira e o brasão das armas municipais (o professor mostrará o modelo).

**3.** Com a ajuda do professor, pesquisem na internet, imprimam e colem no painel fotografias do prefeito (ou da prefeita), dos secretários de Educação, de Cultura e de Esporte e Turismo, do presidente da Câmara de Vereadores e de três vereadores.

**4.** Escrevam ao lado de cada fotografia o nome e a função de cada um.

**5.** Pesquisem, ao menos uma vez por mês, notícias em jornais impressos ou no *site* de jornais locais ou da prefeitura e da câmara de vereadores a respeito de ações do prefeito e dos vereadores durante o ano.

**6.** Com a ajuda do professor ou de um adulto, imprimam as notícias e, em um quadro abaixo dos organogramas da prefeitura e da câmara de vereadores, colem os textos próximo dos nomes das pessoas que realizaram a ação.

**7.** Deixem o painel exposto em um lugar de grande visibilidade dentro da escola para que toda a comunidade possa ver e acompanhar as ações desenvolvidas pelos poderes municipais durante o ano. Vocês também podem cobrar as ações não realizadas por meio de cartas ou *e-mails* enviados ao prefeito, aos secretários ou aos vereadores.

**1.** Responda:

**a)** Onde estão localizadas a prefeitura e a câmara de vereadores de um município: no espaço urbano ou no espaço rural?

_____

**b)** O que são os limites entre os municípios?

_____

_____

**c)** Que elementos podem ser usados como limites entre os municípios?

_____

_____

**d)** O que você entendeu por:

• população urbana?

_____

• população rural?

_____

**2.** Leia o título da notícia abaixo e, em seguida, responda no caderno às questões propostas.

## População urbana cresce, enquanto campo perde quase 10 mil pessoas

_Diário do Nordeste_. Disponível em: <http://diariodonordeste.verdesmares. com.br/cadernos/cidade/populacao-urbana-cresce-enquanto-campo-perde- quase-10-mil-pessoas-1.1699835>. Acesso em: abr. 2017.

**a)** Você já leu notícias como essa ou ouviu algo parecido?

**b)** De acordo com o título da notícia, o que ocorreu com a população no espaço urbano? E no espaço rural?

**c)** Explique com suas palavras o que você acha que pode ter ocorrido para que a população urbana tenha aumentado e a população rural tenha diminuído.

**3.** Observe o desenho abaixo:

Imagine que você está no centro do desenho, como a personagem. Utilizando as direções indicadas no desenho como referência, responda:

**a)** O que há na direção **oeste** de onde você está?

_____

**b)** O que há na direção **sul**?

_____

**c)** O que há na direção **norte**?

_____

**d)** O que há na direção **leste**?

_____

## Periscópio

### 📖 Para ler

**Passarinhos e gaviões: uma fábula da democracia**, de
   Chico Alencar. São Paulo: Moderna, 2013.
   O que é democracia? Por que ela é importante? Obte-
   nha mais informações sobre cidadania e descubra como é possível viver sob regras na sociedade, a exemplo
   da terra da passarinhada!

**A cidade que mudou de nome**, de Conceil Corrêa da
   Silva e Nye Ribeiro. São Paulo: Editora do Brasil, 2010.
   Que climão nesta cidade chamada Trovoada, hein? Mas
   tudo será resolvido com muita amizade entre seus moradores, e a cidade vai até mudar de nome!

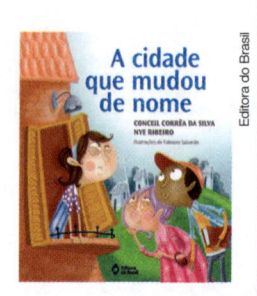

### 👆 Para acessar

**IBGE 7 a 12:** *site* do Instituto Brasileiro de Geografia e Estatística criado
   especialmente para crianças.
   Disponível em: <http://7a12.ibge.gov.br>. Acesso em: maio 2017.

**Plenarinho:** nesse *site* para crianças você pode conhecer o
   funcionamento da Câmara dos Deputados, além de acessar jogos e
   muitas informações sobre a atuação como cidadão.
   Disponível em: <www.plenarinho.gov.br>. Acesso em: maio 2017.

**Turminha do MPF:** você sabe o que é Ministério Público Federal?
   Entenda melhor a política e saiba o que é cidadania com a Turminha
   do MPF.
   Disponível em: <www.turminha.mpf.gov.br>. Acesso em: maio 2017.

# Observando as paisagens

**1.** Observe o desenho e encontre os objetos que estão em destaque no quadro. Vamos lá?

Reprodução da obra *Enquanto uns trabalham outros se divertem*, de Helena Coelho, 2001.

Galeria Jacques Ardies, São Paulo

# 🔱 Paisagens: o que vejo e sinto

Na unidade anterior, vimos que o território brasileiro é composto de dezenas de estados e milhares de municípios. As paisagens de cada município são muito diversas umas das outras. Já percebeu como os elementos das paisagens tornam os lugares diferentes? Pense nos elementos de sua rua, de seu quarteirão ou de algum bairro do município onde você vive. Quais deles você acha que tornam esse lugar diferente de qualquer outro?

Nesta unidade você conhecerá outras características que tornam os lugares especiais e únicos. Essas características ou particularidades, como também podemos chamar, podem estar no estilo das construções, na quantidade de pedestres nas calçadas, no tipo de comércio, no barulho dos automóveis nas ruas e até mesmo no cheiro de comida no ar.

Com o professor e os colegas, leia o relato abaixo com muita atenção.

Isabela Santos

Eram cinco e meia da tarde. Saímos caminhando pela rua, iluminada pelos raios dourados do Sol, reparando numa porção de coisas a que não estávamos acostumados a prestar atenção: nos vasos que enfeitavam os terracinhos das casas, nos canteiros na frente dos edifícios, nas jardineiras das janelas dos apartamentos e nos gramados de algumas residências. A rua terminava numa praça arborizada, com um chafariz no centro e bancos espalhados entre um canteiro e outro.

Liliana Iacocca. *Francisco, o jardineiro*. São Paulo: Moderna, 1999. p. 44.

Com base na leitura do texto, responda:

1. Em qual horário os personagens resolveram fazer a caminhada?

☐ Às três e meia.     ☐ Às quatro e meia.

☐ Às cinco e meia.     ☐ A uma e meia.

2. Como estava o dia?

☐ Nublado.     ☐ Ensolarado.

3. Que sentido humano os personagens utilizaram para:

a) observar as construções na rua do bairro?     Tato.

b) sentir o cheiro das flores?     Olfato.

c) sentir o calor do Sol?     Visão.

4. Que elementos (construções, plantas, objetos etc.) os personagens notaram ao prestar mais atenção no caminho que faziam?

_____

_____

_____

5. Você gosta de passear e observar o local onde mora? Desenhe no quadro uma paisagem que chame a sua atenção.

# Paisagem em memória

Agora vamos trabalhar as paisagens guardadas em sua memória.

Pense em uma paisagem. Pode ser uma que você observa diariamente no lugar onde vive. Pode ser também uma que você já viu na televisão, na internet ou em um filme no cinema, por exemplo, e que faz parte de suas lembranças.

Você recriará essa paisagem usando a técnica da colagem.

Para isso precisará de:

- revistas para recorte;
- tesoura;
- cola;
- papel branco ou reciclado;
- canetas hidrográficas ou lápis de cor.

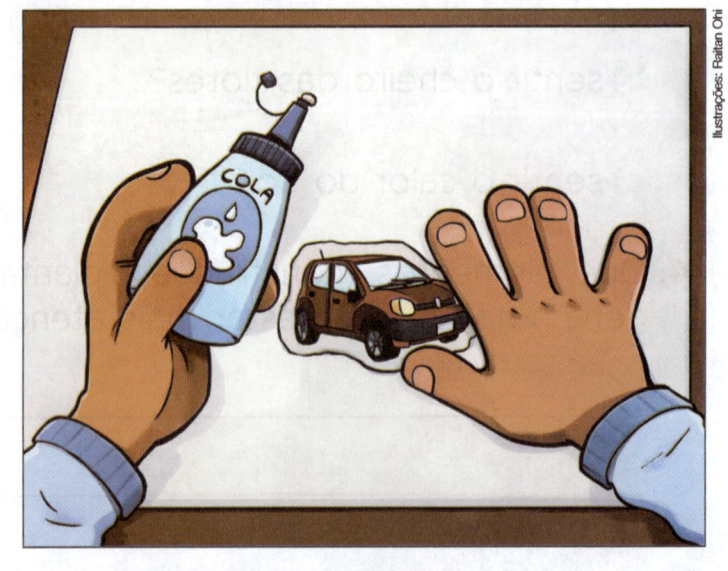

Para começar, recorte de revistas algumas imagens de elementos naturais e culturais vistos nas paisagens e que você queira utilizar em seu trabalho: carros, nuvens, animais, pessoas, construções, ruas, árvores etc. Recortou?

Agora é só montar a paisagem no papel colando os recortes da forma que desejar. Para finalizar sua criação, use lápis de cor ou caneta hidrográfica.

Ilustrações: Raitan Ohi

# As paisagens e os sentidos humanos

Além de casas, prédios, árvores, plantas, automóveis, rios e pessoas, existem outras particularidades que também fazem parte da paisagem dos lugares e que os tornam únicos. Você sabe do que estamos falando, não é?

Como vimos anteriormente, essas particularidades podem estar nos odores (cheiros), em alguns sons característicos (como o barulho dos carros e das sirenes das fábricas), na temperatura do ar (lugares mais frescos ou mais abafados e quentes), enfim, em elementos que não enxergamos, mas que percebemos por meio dos outros sentidos humanos, como o tato, o olfato e a audição.

Veja atentamente as fotografias abaixo e diga ao professor e aos colegas quais sentidos as pessoas estão utilizando e como você identificou isso na imagem.

Menina nadando em piscina num dia de calor. Santa Maria, Rio Grande do Sul, 2015.

Pessoas caminham em área de lazer de Araucária, Paraná, 2016.

## Observando a paisagem

Para observar atentamente a paisagem de um lugar, é necessário que prestemos atenção em todos os elementos que ali existem. Que tal praticarmos um pouco o ato de observar?

Crianças observam a paisagem na Dinamarca.

O professor organizará a turma para isso. Vocês devem escolher um lugar na escola em que diversos elementos possam ser observados, como o pátio ou o refeitório.

Todos devem ir até o local escolhido, sentar-se e, em silêncio, observar tudo que está à volta. Não deixem de:

- olhar bem tudo o que puderem enxergar, como as construções, as árvores e outras plantas, o céu e as pessoas;
- sentir os cheiros que chegam até vocês;
- sentir se está quente ou frio ou se há vento, dependendo de como estiver o tempo;
- escutar atentamente todos os sons que chegam até suas orelhas;
- anotar os elementos observados no caderno ou em uma folha avulsa.

Em seguida, em sala de aula, todos deverão ler o que puderam perceber e comparar as observações.

# Localizando elementos na paisagem

**1.** Complete o quadro com as respostas corretas.

|   | 1 | 2 | 3 | 4 |
|---|---|---|---|---|
| A |   |   |   |   |
| B |   |   |   |   |
| C |   |   |   |   |
| D |   |   |   |   |

**Colunas**

1. Vamos brincar no gira-

   -_____?

2. Plural de ar.

3. Barro, terra.

4. Horas menos a letra **H**.

**Linhas**

A. Masculino de galinha.

B. Ficar com raiva.

C. Eu remo, tu remas, ele

   _____

D. Parte principal do corpo que os pássaros usam para voar (plural).

Conforme atividade acima, a coluna 1, a coluna 2, a coluna 3 e a coluna 4 são **verticais**, e a linha A, a linha B, a linha C e a linha D são **horizontais**.

**2.** O desenho que você vê nesta página é a representação de parte de um bairro. Observe, por exemplo, que, no quadro que fica na **linha horizontal A** e na **coluna vertical 2**, existe uma grande árvore.

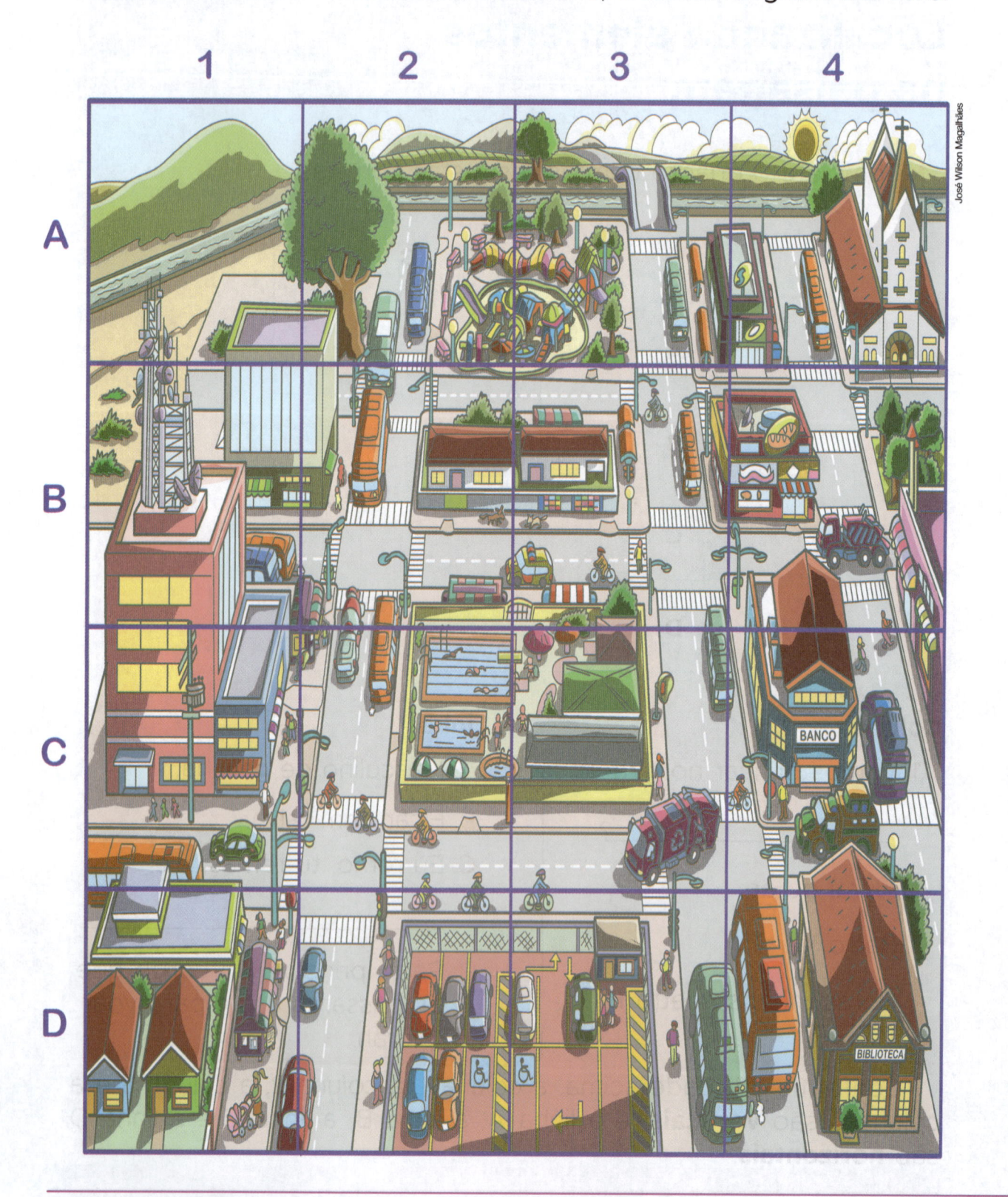

José Wilson Magalhães

O objetivo é **localizar** cada elemento mostrado na paisagem da página anterior utilizando as **letras** das **linhas** e os **números** das **colunas**. O professor o auxiliará na localização dos primeiros elementos. Siga o exemplo.

| Elemento | Localização |
|---|---|
| grande árvore | 2A |
| telefone público | |
| antenas de TV | |
| banco | |
| biblioteca | |
| pessoa com carrinho de bebê | |

Agora você deve fazer o inverso: com base na localização do quadro na coluna da esquerda, escreva o nome do elemento na coluna da direita. Siga o primeiro exemplo.

| Localização | Elemento |
|---|---|
| C2 | piscinas |
| A3 | |
| D2/D3 | |
| A4 | |
| A2/A3 | |
| A4 | |

1. Cada lugar, bairro ou município do Brasil tem características únicas. Cite algumas das características que podemos observar ou sentir nas paisagens.

_____

_____

2. Cada pessoa tem um sentimento em relação ao lugar onde vive, pois cada um tem um jeito próprio de prestar atenção nas paisagens, não é mesmo? Leia o relato a seguir.

Meu nome é Ana Beatriz. Eu trabalho em dois bairros diferentes: um pela manhã e outro à tarde. Os dois bairros ficam longe do centro da cidade onde moro. O bairro Bandeirantes, onde trabalho pela manhã, é um dos bairros mais antigos daqui. A maior parte das construções é de casas residenciais, mas existem também lojas, postos de gasolina, supermercados, escolas, escritórios e alguns restaurantes. O Bandeirantes é um bairro tranquilo, muitas pessoas residem ali há muito tempo. A escola onde trabalho à tarde fica no bairro Industrial, que é vizinho do bairro Bandeirantes. Os dois bairros são divididos por uma avenida bem movimentada e muito barulhenta. Embora sejam muito próximos, no bairro Industrial existem poucas lojas, residências e supermercados, mas há várias indústrias. Ouvimos sempre o barulho das fábricas.

Algumas vezes o vento traz um forte cheiro da fábrica de café. O cheiro é bom. Se eu pudesse mudar alguma coisa nesses bairros, seria a segurança, com mais policiais nas ruas tanto durante o dia quanto à noite.

Texto dos autores.

**a)** Escolha um lápis de cor e pinte as frases em que Ana Beatriz fala do que mais gosta nos bairros que frequenta.

**b)** Com outra cor, pinte as frases em que ela fala do que menos gosta nos bairros que frequenta.

**c)** Quais são os bairros em que Ana Beatriz circula nos dias de trabalho?

☐ Bairro Castelão.   ☐ Centro.

☐ Bairro Industrial.   ☐ Bairro Bandeirantes.

**d)** Os bairros onde Ana Beatriz trabalha ficam próximos de onde ela mora? Transcreva a frase que justifica sua resposta.

_____

_____

**e)** De acordo com o relato, descreva o que se pede a seguir.

- algumas características visíveis do bairro Bandeirantes

_____

_____

- algumas características visíveis do bairro Industrial

_____

_____

- algumas características invisíveis do bairro Bandeirantes

_____

_____

- algumas características invisíveis do bairro Industrial

_____

**f)** Quais sentidos humanos Ana Beatriz usou para observar e descrever as características dos bairros que frequenta?

_____

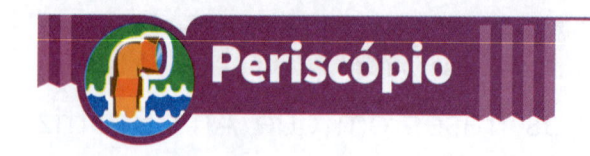

## 📖 Para ler

**Dorina viu**, de Cláudia Cotes. São Paulo: Paulinas, 2006. Dorina era uma menina esperta e sonhadora, que adorava brincar e contemplar o céu azul e as nuvens branquinhas. Um dia, ao acordar, não conseguiu enxergar mais nada com os olhos. Uma história contada de um jeito especial para que todas as crianças – as que enxergam ou não – possam ler!

**Na janela do trem**, de Lúcia Hiratsuka. São Paulo: Cortez, 2013. Quantas paisagens é possível observar pela janela de um trem durante uma viagem? Descubra com o personagem desse livro.

**Paisagens**, de Roseana Murray. São Paulo: Lê Editora, 2005. Lendo descrições de paisagens, descubra as sensações de observar cada uma perceba como são diferentes.

## 👆 Para acessar

**Chico na Ilha dos Jurubebas:** neste vídeo, Chico resolve fazer um mapa da Ilha dos Jurubebas e se envolve em muitas aventuras! Disponível em: <http://tvescola.mec.gov.br/tve/video/chico-na-ilha-dos-jurubebas-o-mapa-da-ilha>. Acesso em: mar. 2017.

**Jogo da Ilha dos Jurubebas:** acesse e ajude o Chico! Disponível em: <http://tvescola.org.br/jurubebas/jogos/09/>. Acesso em: mar. 2017.

**Cartografia escolar:** saiba mais informações sobre cartografia neste *site*. Disponível em: <www.cartografiaescolar.ufsc.br>. Acesso em: maio 2017.

# UNIDADE 3

# O espaço urbano e o espaço rural

Observe a imagem.

Rio Verde, Goiás, 2015.

1. Com a ajuda do professor, reflita: Quais são os elementos da imagem que caracterizam o espaço urbano? E quais caracterizam o espaço rural?

# ◆ A organização do território do município

Onde vivem os habitantes do município? Será que todos moram na cidade-sede? Onde mais as pessoas moram e trabalham?

Vimos, na Unidade 1, que os habitantes de um município podem viver tanto no campo como na cidade.

Em geral, um município é composto do espaço da cidade-sede, com quarteirões de residências, comércio e indústrias, praças, parques, ruas e avenidas. Chamamos esse conjunto de **espaço urbano**.

Mas em um município também há extensões de terras onde se encontram chácaras, sítios e fazendas, com plantações, pastos e matas, além de pequenos povoados. Eles compõem o que denominamos **espaço rural**.

Observe no mapa os espaços urbano e rural do município de Juazeiro, Bahia.

## Juazeiro (BA): espaço urbano e rural – 2017

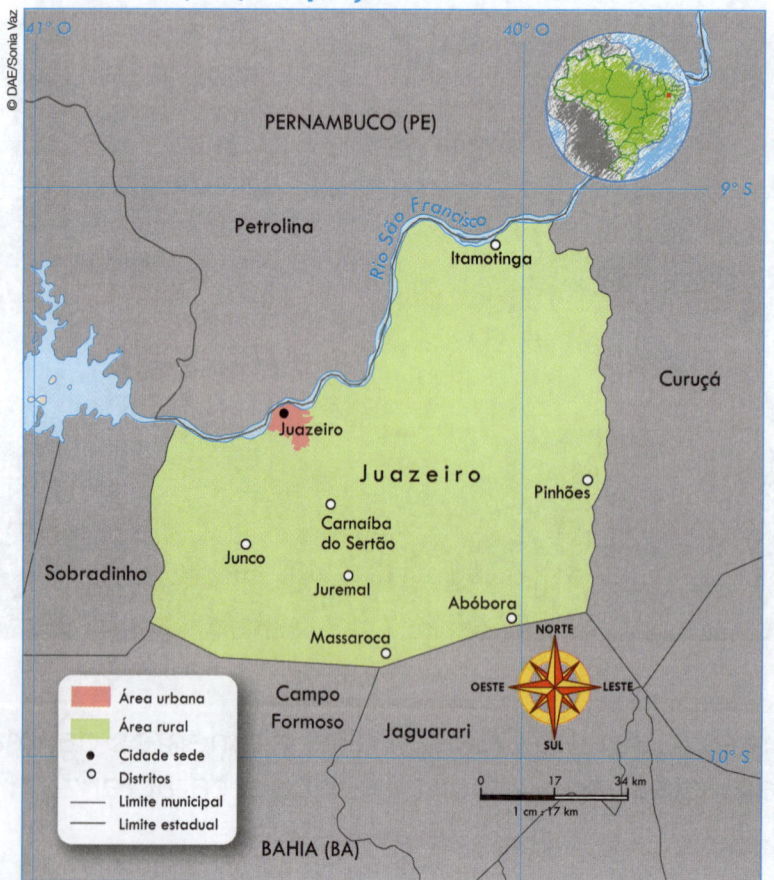

Além da cidade-sede, em Juazeiro há os seguintes povoados ou distritos: Abóbora, Carnaíba do Sertão, Itamotinga, Junco, Juremal, Massaroca e Pinhões.

Fonte: *IBGE Cidades*. Disponível em: <https://goo.gl/iwJEmn>, *Google Maps*. Disponível em: <https://goo.gl/AY3rR4>; <https://goo.gl/xSn9iR>. Acesso em: dez. 2017.

# O crescimento do espaço urbano

Atualmente, em alguns municípios brasileiros, a cidade-sede cresceu tanto que o espaço urbano tornou-se maior que o espaço rural. Em alguns casos, o espaço urbano passou a ocupar praticamente toda a área do território municipal. Portanto, nesses municípios quase não existe mais espaço rural. Observe nos mapas a seguir o crescimento do espaço urbano do município de Osasco, no estado de São Paulo, ocorrido ao longo do tempo.

### Expansão urbana de Osasco: 1899 a 2004

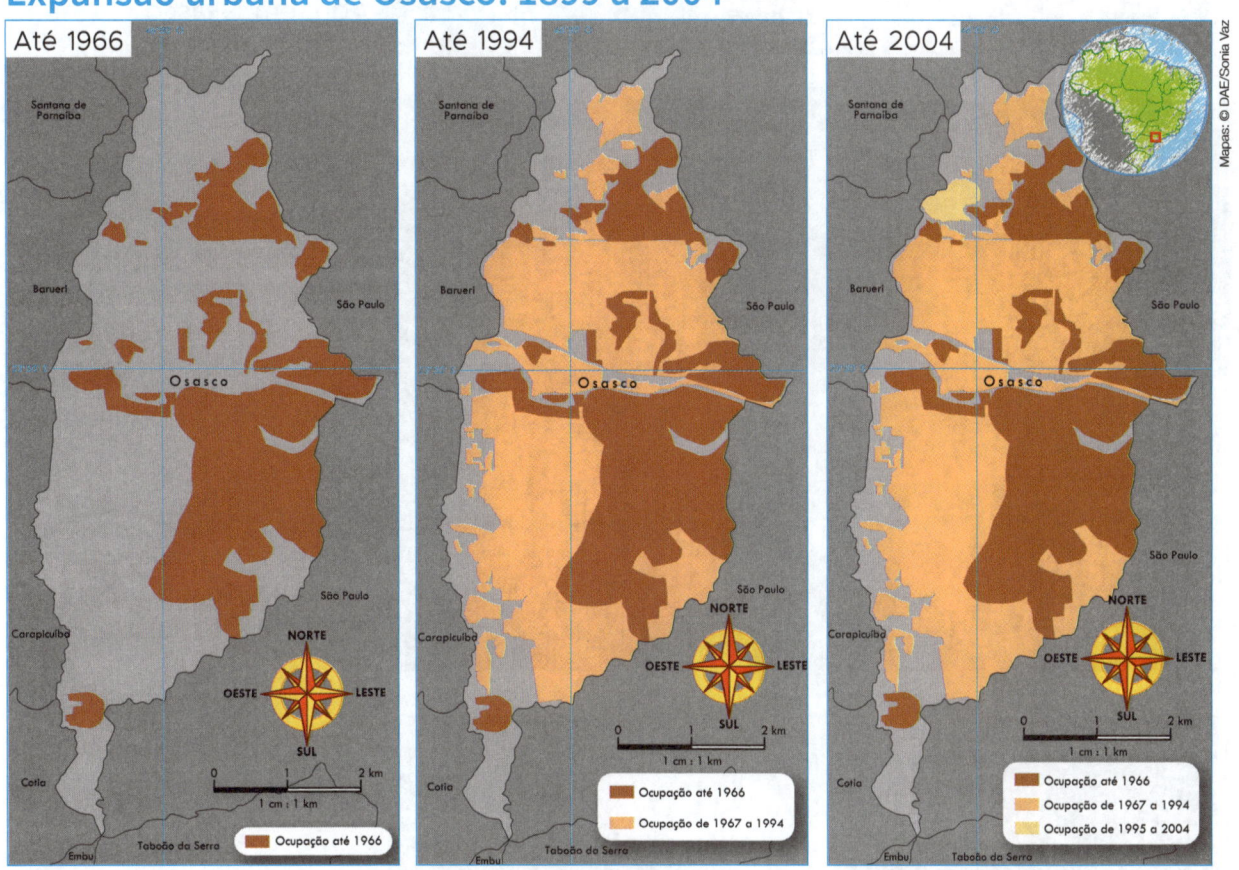

Fonte: Danielle Albino. *O rural em Osasco*. Dissertação de Mestrado. Universidade de São Paulo, 2014. Disponível em: <www.teses.usp.br/teses/disponiveis/8/8135/tde-15012015-183421/publico/2014_Danielle20Albino_VCorr.pdf>. Acesso em: dez. 2017.

**1.** As fotografias a seguir mostram a paisagem do município de Osasco em três épocas diferentes: nas décadas de 1930, 1950 e 2000. Mas as fotografias não estão na sequência de tempo correta. Escreva nos quadrinhos a ordem correta das imagens (de 1 a 3) e explique, por escrito, o que você percebeu que mudou na paisagem desse município paulista.

Rua Antônio
Agu, em Osasco,
década de 1950.

Rua Antônio
Agu, em Osasco,
década de 2000.

Rua Antônio
Agu, em Osasco,
década de 1930.

_____

_____

_____

_____

_____

_____

_____

_____

_____

_____

_____

**Para saber mais**

## A transformação das paisagens urbanas

Podemos perceber pelo exemplo do município de Osasco que a paisagem de uma cidade-sede pode passar por várias mudanças no decorrer dos anos.

Em meio ao crescimento e às transformações do espaço urbano do município, os elementos da natureza são modificados pela ação do trabalho humano. Por exemplo, as árvores e outros tipos de vegetação são retirados para a abertura de ruas e terrenos que abrigarão novas casas e prédios.

As cidades, tanto grandes como pequenas, estão sempre sendo transformadas. Essas mudanças são feitas pelos moradores, por empresas que desenvolvem as atividades econômicas ou pelas prefeituras que buscam atender cada vez mais às necessidades da população.

## Textos

# A história do bairro Tabuleiro dos Martins

O texto a seguir é o relato de um morador do bairro Tabuleiro dos Martins, da cidade de Maceió, capital do estado de Alagoas. Leia-o com atenção.

Isabela Santos

Tudo começou [em 1911] com um sítio do casal João Martins Oliveira e Stella Cavalcante de Oliveira, que viveram unidos durante 51 anos, e tiveram dez filhos. Um casal exemplar, íntegro, querido pelos pobres, amigo de todos. Ninguém pagava aluguel de suas casas. Abriu ruas e o pequeno sítio foi se transformando num novo bairro, que, por justiça, se chamou Tabuleiro dos Martins, uma homenagem do povo ao seu fundador.

Tudo era difícil naquela época. Não existia água canalizada, nem tampouco energia elétrica. O transporte era feito num velho ônibus, chamado de "sopa'", que descia a ladeira esburacada para chegar ao Fernão Velho, onde se pegava o trem para chegar à capital. [...]

Dos anos 1960 pra cá, cresceu aceleradamente com o aparecimento das indústrias em seu lado direito (de quem sai de Maceió), a abertura de novas ruas e o Campus Universitário. Hoje, o bairro é dividido em dois: Tabuleiro Velho (onde tudo começou com o sítio de João Martins) e o Tabuleiro Novo, com os conjuntos habitacionais e as indústrias.

O bairro ganhou agência bancária, uma movimentada feira livre, supermercados, mercadinhos, dezenas de outros estabelecimentos comerciais de pequeno e médio porte, além de escolas, postos de saúde e outros serviços básicos.

Jair Barbosa Pimentel. Bairro Tabuleiro dos Martins. *Bairros de Maceió*. Disponível em: <www.bairrosdemaceio.net/site/index.php?Canal=Bairros&Id=41>. Acesso em: maio 2017.

Após a leitura do texto, faça o que se pede, com a orientação do professor.

1. Escreva três características do bairro Tabuleiro dos Martins na época em que foi fundado.

_____

_____

_____

2. O autor conta que o bairro começou a crescer rapidamente a partir da década de 1960.

   a) Que atividade econômica levou ao rápido desenvolvimento do bairro?

   _____

   _____

   b) Cite exemplos do surgimento de novas atividades econômicas no bairro, relatados no texto.

   _____

   _____

   _____

# As atividades econômicas do município

Onde os habitantes do município trabalham? Como as atividades econômicas do município são desenvolvidas? Por que essas atividades são importantes para nossa sociedade?

Leia o texto a seguir.

## Ofícios

Andando um dia pela mata me surpreendi com a bicharada agitada. Cada um fazia um **comício** em defesa de seu ofício:

"Marceneiro ou carpinteiro pra mim é tudo igual" – diz o ocupado Pica-pau – "trabalho bem qualquer madeira." (Mas desconfio que de verdade, a sua especialidade é só fazer peneira!)

"Eu faço buraco sem fim, fininho, fininho assim!" – grita, coberto de pó, o Cupim.

"Construo o meu próprio teto, sou pedreiro e arquiteto. Minha casa é redonda e não tem janela, mas a porta está sempre aberta. E mais: nela não se passa fome", avisa o João-de--barro transportando a matéria-prima na cor, no bico, no nome.

"Aproveito a noite sem sono e protejo a mata em seu abandono. Enquanto todos dormem sou guarda-noturno: fico de olho no fogo, na bruxa e, principalmente, no bicho-homem" – fala, cansada, a Coruja.

E assim, todos fazem seu comício. Menos um. Pendurado em um canto, paralisado como que por encanto, um bicho tem ofício muito estranho: só enche linguiça esse danado do Bicho-preguiça.

> **Comício:** reunião pública para uma pessoa expor suas ideias, defender seu trabalho e a importância dele.

José de Nicola. *Entre ecos e outros trecos*. 2ª ed. São Paulo: Moderna, 2002. p. 38 e p. 39 (Coleção Girassol).

Isabela Santos

**1.** Converse com alguns colegas da turma sobre a história da página anterior e responda às questões. O professor anotará as respostas na lousa. Ao término da conversa, você deve copiar as respostas nas linhas abaixo.

**a)** Que animais são citados no texto?

_____

_____

**b)** Para que eles se reuniram em um comício?

_____

_____

**c)** Cada animal falou sobre sua profissão. Em sua opinião, as características dos animais combinam com a profissão relatada? Por quê?

_____

_____

**d)** Você concorda que o bicho-preguiça só "enche linguiça"? Por quê?

_____

_____

Marceneiro, carpinteiro, pedreiro, arquiteto, guarda-noturno... Em um município, as pessoas exercem diferentes atividades.

Cada trabalhador tem um papel importante na sociedade, já que todos nós necessitamos do que é produzido nas diferentes atividades que eles exercem.

Assim, podemos afirmar que o trabalho e as atividades desenvolvidas no município geram riqueza (também chamada de bens materiais) e, de uma forma ou de outra, beneficiam a todos que nele vivem. Essas atividades, denominadas **atividades econômicas**, são desenvolvidas tanto no espaço urbano como no espaço rural.

Entre as atividades que mais se concentram no espaço urbano estão a **indústria**, o **comércio** e os **serviços**. Já entre as atividades que mais se concentram no espaço rural estão o **extrativismo**, a **agricultura** e a **pecuária**.

**2.** Veja as ilustrações a seguir e identifique em qual espaço do município essas atividades econômicas ocorrem com mais frequência. Escreva embaixo das imagens: **espaço urbano** ou **espaço rural**.

Ilustrações: Raitan Ohi

_____ _____

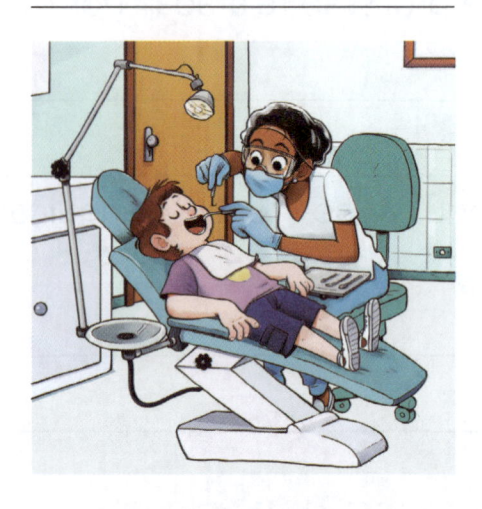 

_____ _____

_____ _____

# Os planos da paisagem

Quando você observa uma paisagem, presta atenção em todos os elementos? Fica atento aos pequenos detalhes e no que está mais em evidência?

Nos estudos de Geografia é importante estimular nosso "olhar" a fim de identificar as transformações realizadas pela sociedade nas paisagens dos lugares onde vivemos e as consequências dessas mudanças. Ao olharmos uma paisagem, podemos observar os elementos nela presentes de diferentes maneiras.

Observe com bastante atenção a paisagem ao lado.

Vista da Fazenda Experimental Santa Elisa. Campinas, São Paulo, 2016.

João Prudente/Pulsar Imagens

**1.** Agora relacione:

**a)** os elementos observados mais à frente na paisagem;

_____

**b)** os elementos observados mais ao fundo na paisagem.

_____

A atividade anterior mostra que é possível observar uma paisagem por partes: começando do que está mais próximo para o que está mais distante de nós. A essas partes chamamos **planos da paisagem**.

Veja os planos da paisagem que podemos encontrar na imagem da página anterior.

3º plano – Plano onde se encontram os elementos mais distantes do observador.

linha do horizonte

2º plano – É o plano intermediário.

1º plano – Neste plano estão os elementos mais próximos de quem observa a paisagem.

Foto: João Prudente/Pulsar Imagens/Ilustração: Ricardo Dantas

**2.** Sem olhar a fotografia, responda às questões abaixo.

**a)** De acordo com as informações da legenda, em que município e estado brasileiros está localizada a paisagem mostrada?

_____

_____

_____

**b)** Em qual dos planos predominam elementos do espaço rural?

_____

_____

_____

**c)** Em qual dos planos é possível identificar mais elementos do espaço urbano?

_____

_____

_____

**d)** Em qual dos planos há algum tipo de transformação da paisagem? Por quê?

_____

_____

_____

_____

_____

**3.** Troque seu livro com o do colega, leia as respostas da atividade anterior e verifique como está o "olhar atento" dele.

**1.** Escreva a letra **U** nas atividades econômicas que ocorrem predominantemente no espaço urbano e a letra **R** nas que costumam ocorrer no espaço rural.

**a)** indústria

**d)** pecuária

Ilustrações: Ricardo Dantas

**b)** comércio

**e)** extrativismo

**c)** serviços

**f)** agricultura

**2.** Transcreva no caderno quais das atividades humanas descritas no quadro abaixo transformam a paisagem.

Plantar alimentos. – Construir casas e prédios. –
Construir escolas. – Declamar uma poesia. –
Criar animais. – Realizar uma corrida de bicicletas.

**3.** Explique, com suas palavras, o que é espaço urbano e o que é espaço rural.

_____

_____

_____

**4.** Por meio da descrição do texto das páginas 48 e 49 e de acordo com sua interpretação, desenhe o bairro Tabuleiro dos Martins.

| Como era quando tudo começou | Como ficou a partir de 1960 |
|---|---|
| | |

## Periscópio

### Para ler

**O rato do campo e o rato da cidade**, de Ruth Rocha.
São Paulo: Salamandra, 2010.
Um ratinho que morava na cidade resolveu visitar seu amigo no campo. Depois foi a vez de o ratinho do campo ir à casa do amigo. O que cada um achou da vida do outro? Descubra lendo essa fábula, de origem muito antiga.

**Uma aventura no campo**, de Luiz Eduardo Ricon. São Paulo: Moderna, 2010.
Inspirada no livro *O ambiente do campo*, de Samuel Murgel Branco, essa história em quadrinhos visa aproximar as crianças das plantas e dos animais que fazem parte da alimentação de muitos e que só vemos nas feiras e nos supermercados.

### Para acessar

**Infográfico do crescimento das cidades:** o infográfico indica alguns problemas causados ao meio ambiente quando a cidade começa a crescer.
Disponível em: <http://planetasustentavel.abril.com.br/infograficos/popup.shtml?file=/agua2010/infografico.shtml>. Acesso em: maio 2017.

**Feijotrânsito:** o espaço urbano cresceu! As ruas precisam de algumas soluções... e você será o secretário da cidade! Vamos lá, secretário, mãos à obra!
Disponível em: <http://portal.ludoeducativo.com.br/pt/play/feijotransito>. Acesso em: maio 2017.

# As atividades do espaço urbano

**1.** Observe o mapa abaixo. O que ele mostra? Que tipos de atividade econômica será possível encontrar consultando o mapa? Essas atividades são importantes? Vamos descobrir?

José Wilson Magalhães

| | PORTO | | TEATRO | | MERCADO MUNICIPAL |
|---|---|---|---|---|---|
| | TERMINAL MARÍTIMO DE PASSAGEIROS | | PREFEITURA | | HOSPITAL |
| | PÍER | | IGREJA | | BANCO |
| | MUSEU | | CLÍNICA MÉDICA | | INDÚSTRIA |
| | RESTAURANTE | | ESCOLA DE INGLÊS | | CENTRO COMERCIAL |
| | CLUBE | | ESCOLA DE NATAÇÃO | | CINEMA |

# ◆ A indústria

Nas prateleiras dos supermercados encontramos diversos produtos prontos para serem consumidos. Mas como esses produtos chegaram lá? Quem os produziu? E como foram produzidos? Converse com os colegas a respeito disso.

Agora leia o texto a seguir. Ele foi retirado de um livro chamado *O caminhão que andava sozinho*, da autora Rosa Amanda Strausz.

## O caminhão aeroespacial

A fábrica do professor Tecno Oligócrates parecia mais um centro aeroespacial do que uma fábrica de caminhão. Tudo piscava, tudo brilhava e zumbia. Tinha robô e computador por todo lado. Andamos por corredores e paredes prateadas, passamos por portas que se abriam com códigos, elevadores acionados por impressões digitais, atravessamos uma porta blindada e... ali estava o Super Trick Road!

Rosa Amanda Strausz. *O caminhão que andava sozinho*. São Paulo: FTD, 2007.

Sobre o que fala a autora nesse trecho do livro?

Como se nota, a fábrica do professor Tecno Oligócrates era bem moderna. Nessa fábrica (ou indústria, como também pode ser chamada), ele produzia caminhões que andavam sozinhos, como o Super Trick Road. Você conhece alguma indústria? O que é fabricado nela?

A **indústria** é a atividade econômica que transforma as matérias-primas em produtos (alimentos, roupas, automóveis etc.) que serão usados por outras empresas ou pela população em geral. Assim, para toda indústria é essencial a matéria-prima.

> **Aeroespacial:** referente ao espaço aéreo.

# O que é matéria-prima

A **matéria-prima** é todo material empregado na fabricação de um produto. Esse material pode ser de origem vegetal (que é obtido das plantas), animal (que vem dos animais) ou mineral (que provém das rochas, da terra e até da água). Vamos conhecer alguns exemplos:

## Cana-de-açúcar

A cana-de-açúcar é uma matéria-prima de **origem vegetal**, já que é uma planta. Dela são produzidos o açúcar, o etanol (o álcool combustível), vários tipos de bebidas, entre outros produtos.

## Leite

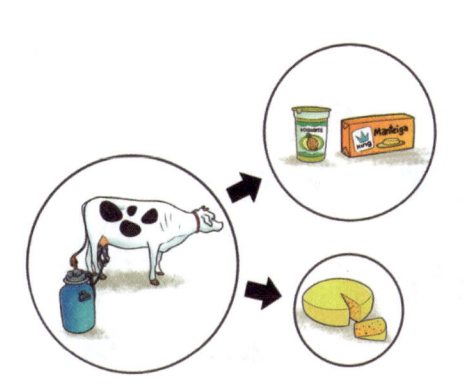

O leite é uma matéria-prima de **origem animal**, já que provém de vacas, cabras ou búfalas. Dele são produzidos queijos, iogurtes, manteiga, entre outros tipos de alimentos, chamados derivados lácteos.

## Ferro

O ferro é uma matéria-prima de **origem mineral**, já que provém de rochas. Ele é utilizado na fabricação de produtos como torres, pontes, casas, automóveis, entre muitas outras coisas.

# Tabelas

## Construindo tabelas

Construir tabelas é uma forma de organizar e facilitar a análise de informações. Os desenhos a seguir mostram algumas **matérias-primas**, identificadas por **números**, e alguns **produtos** fabricados com elas, representados por **letras**. Analise-os com atenção.

Em uma folha à parte ou no caderno, elabore uma tabela de acordo com as indicações a seguir.

1. Em uma coluna com o título "Matéria-prima", coloque os números de 1 a 6. Ao lado dos números, escreva o nome de cada matéria-prima de acordo com os desenhos.

Ilustrações: Cláudio Chiyo

BSVIT/Shutterstock.com

**2.** Do lado direito da primeira coluna, faça outra, com o título "Origem" e o mesmo número de linhas. Em cada linha, escreva a origem da matéria-prima correspondente: vegetal, mineral ou animal.

Reinaldo Rosa

**3.** Faça uma terceira coluna com o título "Produto". De acordo com os produtos mostrados a seguir, escreva, em cada linha correspondente na tabela da matéria-prima, seu produto final.

Ilustrações: Cláudio Chiyo

**4.** Ao final da atividade, veja como ficaram as tabelas feitas pelos colegas.

# Na fábrica: onde tudo se transforma

Você já se perguntou como a cana-de-açúcar se transforma em açúcar? E como o algodão se transforma em uma camiseta? É o que descobriremos agora.

Veja a imagem:

Fábrica em São Paulo, São Paulo, 2014.

Uma indústria emprega muitos trabalhadores, tanto homens quanto mulheres. Cada um deles é responsável por uma etapa da produção. Na fábrica de ovos de Páscoa da fotografia, por exemplo, algumas operárias preparam o chocolate e outras organizam os ovos colocando neles bombons. Outros funcionários são, ainda, responsáveis por embalar os chocolates.

A transformação das matérias-primas em produtos industrializados acontece no interior das **fábricas**.

Nelas os **operários** e as **operárias**, como podem ser chamados os trabalhadores da indústria, transformam as matérias-primas em novos produtos, que serão usados no dia a dia pelas pessoas. Esses produtos serão vendidos no comércio, utilizados nos serviços, na agricultura e na pecuária ou, ainda, serão destinados a outras indústrias, que irão novamente transformá-los. Uma das principais características da atividade industrial é que toda transformação das matérias-primas em produtos ou mercadorias é feita em etapas, por diferentes operários e com o auxílio de máquinas, para que a produção seja rápida e em grande quantidade.

Assim, é na atividade industrial que as matérias-primas são transformadas em novos produtos. Vamos ver o exemplo de uma fábrica de sapatos, que usa o couro de boi como matéria-prima. Além do trabalho de várias pessoas, é necessária a utilização de diferentes máquinas.

O couro é matéria-prima utilizada na fabricação de sapatos, cintos e bolsas. Franca, São Paulo, 2016.

Com o auxílio de máquinas, o couro então é cortado, de acordo com uma fôrma, para ser utilizado na montagem do sapato. Franca, São Paulo, 2016.

Igor do Vale/Folhapress

O couro cortado é então colado na sola. Franca, São Paulo, 2016.

Edson Silva/Folhapress

Após a montagem, os operários inspecionam os sapatos já prontos para verificar se há algum defeito. Franca, São Paulo, 2016.

**1.** Agora converse com os colegas e o professor.

- Qual é a principal matéria-prima utilizada nesse processo?

- Além dos operários da indústria, quais outros profissionais podem ter contribuído para o produto final?

- Você conhece outro processo de transformação de matérias-primas em produtos da indústria?

# A origem dos produtos

Você investigará alguns produtos consumidos em seu dia a dia para saber quais são os ingredientes utilizados na fabricação deles e obter informações sobre as indústrias que os produzem. Observe os produtos que estão em cima da mesa:

DE ONDE VEM TUDO ISSO?

Raitan Ohi

1. Escolha três produtos que sua família consome com frequência. Podem ser alimentos (açúcar, biscoito, óleo de cozinha etc.), produtos de higiene pessoal (creme dental, sabonete, xampu etc.), produtos de limpeza (detergente, sabão em pó, sabão em pedra etc.) ou utensílios domésticos (lâmpada, pregador de roupa etc.), entre outros. Leia as informações contidas no rótulo das embalagens dos produtos selecionados. Identifique as seguintes informações:

   • nome do produto;

   • nome da indústria que o produziu;

   • localização dessa indústria (município, estado, país);

   • ingredientes ou componentes utilizados na fabricação do produto, além da matéria-prima principal.

   Anote essas informações e as traga para a aula. Conte aos colegas o que pesquisou. Verifique também o resultado da pesquisa deles buscando identificar produtos semelhantes aos que você selecionou e também produtos diferentes dos escolhidos por você.

# O dia a dia de Ciro no trabalho

**1.** Ciro é operário de uma indústria que fabrica macarrão. No texto a seguir, ele está falando sobre seu dia a dia no trabalho. Use sua criatividade e complete, nos espaços indicados, as frases da história.

"Eu trabalho no setor de empacotamento de uma indústria de macarrão. Todos os dias chego ao meu trabalho e verifico

_____.

Logo em seguida, substituo meu colega no lugar de operar a máquina que fecha as embalagens. A máquina é muito moderna, ela funciona

_____.

As embalagens, depois de fechadas, seguem por uma esteira até as caixas de papelão, onde são _____

_____.

Muitos outros colegas trabalham comigo. Na hora do almoço, todos conversam sobre _____

_____.

Depois do trabalho da tarde, antes de ir embora, ainda tenho que

_____."

# Criando legendas

Você sabe o que são fotografias aéreas?

Como elas podem ser utilizadas no estudo dos espaços urbano e rural?

No decorrer de seus estudos geográficos, você observará diversas imagens, como fotografias, desenhos e mapas, que o auxiliam na compreensão de como são os espaços urbano e rural dos municípios.

Existem algumas imagens, entretanto, que possibilitam que vejamos melhor de que maneira as pessoas constroem e ocupam os espaços dos municípios. É o caso das fotografias aéreas.

Veja:

Vista aérea parcial do Balneário Barra do Sul, Santa Catarina, 2017.

As fotografias aéreas são tiradas por câmeras fotográficas instaladas em aviões ou em *drones* (aparelhos ou veículos aéreos controlados à distância), que sobrevoam a superfície do terreno e captam as paisagens que estão abaixo deles. Geralmente, as fotografias são tiradas de cima para baixo, ou seja, elas nos proporcionam uma **visão vertical da paisagem**.

As fotografias aéreas também possibilitam a elaboração de representações que auxiliam nossos estudos.

Veja um exemplo de representação criada com base na fotografia aérea apresentada.

1. Vamos criar legendas para a representação? Observe o quadro da página seguinte. Na primeira coluna, veja a parte da fotografia que deve ter legenda. Na segunda coluna, veja como ela foi representada. Na terceira coluna, desenhe um símbolo para que os elementos representados possam ser compreendidos. Siga o exemplo.

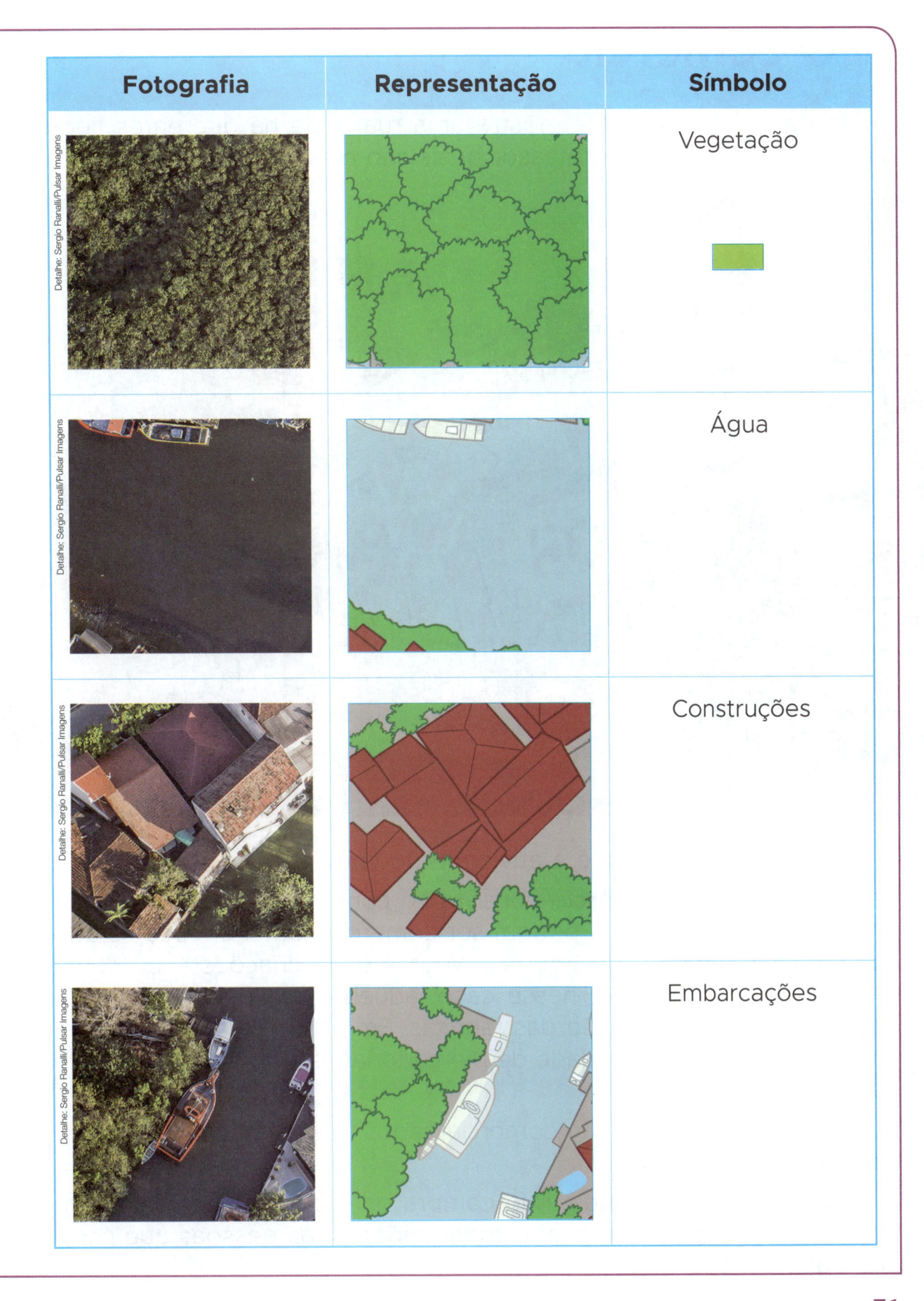

| Fotografia | Representação | Símbolo |
|---|---|---|
| | | Vegetação |
| | | Água |
| | | Construções |
| | | Embarcações |

# O comércio

Veja a cena abaixo. Ela mostra uma rua onde há diferentes tipos de comércio. Conte ao professor quais são eles.

Mas você sabe o que é a atividade do comércio?

A **atividade do comércio** consiste na compra, venda ou troca de produtos. Esses produtos podem ser comercializados em seu estado natural – diretamente de hortas, lavouras e de criações – ou como produtos industrializados, nesse caso, aqueles que foram processados nas linhas de produção das fábricas. Em nosso país e no mundo, comercializa-se uma infinidade de mercadorias, em diferentes tipos de estabelecimentos.

Quando os produtos são comercializados, eles também recebem o nome de **mercadorias**.

O **comerciante** é aquele que compra os produtos naturais ou industrializados e os revende aos **consumidores** (as pessoas que compram as mercadorias).

**1.** Observe as ilustrações a seguir e identifique o que se pede.

Ilustrações: Raitan Ohi

**a)** tipo de estabelecimento

- Imagem A: _____.

- Imagem B: _____.

**b)** tipo de produto comercializado

- Imagem A: _____.

- Imagem B: _____.

**c)** comerciante

- Imagem A: _____.

- Imagem B: _____.

**d)** consumidor

- Imagem A: _____.

- Imagem B: _____.

**e)** mercadoria

- Imagem A: _____.

- Imagem B: _____.

# Gráficos

## Compras pelo comércio virtual

Você sabe o que é *e-commerce*, ou comércio virtual? É um tipo de comércio realizado pela internet, em que é possível acessar diferentes *sites* que vendem muitos tipos de produtos do mundo todo. Esse tipo de comércio também é uma atividade econômica. Veja no gráfico os dez produtos que os brasileiros mais compram virtualmente e, em seguida, responda às questões no caderno.

### Produtos mais comprados pela internet – 2016

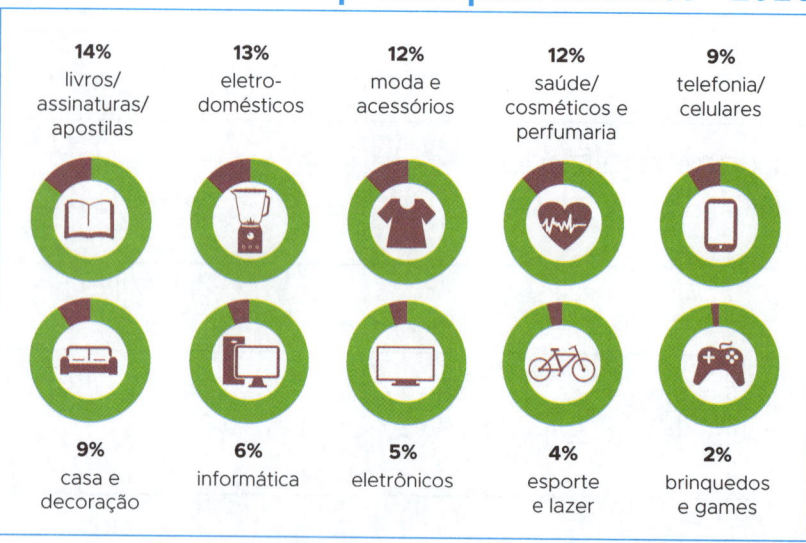

| | | | | |
|---|---|---|---|---|
| **14%** livros/ assinaturas/ apostilas | **13%** eletro-domésticos | **12%** moda e acessórios | **12%** saúde/ cosméticos e perfumaria | **9%** telefonia/ celulares |
| **9%** casa e decoração | **6%** informática | **5%** eletrônicos | **4%** esporte e lazer | **2%** brinquedos e games |

Paula Haydee Radi

Fonte: *Guia do e-commerce*. Disponível em: <www.guiadeecommerce.com.br/o-que-as-pessoas-mais-compram-pela-internet/>. Acesso em: mar. 2017.

1. Que tipos de produtos são mais comprados pela internet, de acordo com o gráfico?

2. Qual é a porcentagem de compra de brinquedos e *games*?

3. Em sua opinião, a compra de produtos pela internet é boa para o consumidor? Explique.

4. Organize no caderno uma tabela com as informações do gráfico em ordem decrescente, ou seja, dos produtos mais comprados aos menos comprados.

# O comércio no espaço urbano

No espaço urbano dos municípios encontra-se a maior quantidade e diversidade de estabelecimentos comerciais. O comércio fica concentrado, geralmente, nos bairros centrais (o centro da cidade), onde há lojas de diversos produtos, farmácias e supermercados.

A atividade comercial também ocorre fora do centro. Muitas vezes, nos bairros residenciais, o comércio localiza-se nas vias principais, em ruas e avenidas de maior circulação de automóveis e pedestres. Veja alguns exemplos de atividade comercial no espaço urbano.

Rua no centro da cidade de Teresina, capital do estado do Piauí, 2015. Observe os diferentes tipos de comércio e o grande movimento de pessoas.

Observe uma rua do centro, na cidade de Iraceminha, estado de Santa Catarina, 2015. O comércio em alguns bairros, é composto de um número menor de lojas que visam atender às necessidades básicas dos moradores locais.

**1.** A ilustração a seguir mostra algumas ruas de uma cidade. Observe-a com atenção e identifique o que se pede.

a) Rua onde a **maioria** dos estabelecimentos é comercial.

_____

b) Rua onde a **minoria** dos estabelecimentos é comercial.

_____

c) Rua onde há quantidade **equivalente** de estabelecimentos comerciais e residenciais.

_____

#  Os serviços

Leia com atenção os anúncios a seguir.

## SALÃO MOÇA BONITA

Sua beleza em boas mãos! Cabelei-
reiro, manicure, pedicuro, depilação,
massagem e maquiagem.
Agende seu horário conosco!
Rua Maria Bonita, 30.
Tel: 3001-0000-0979

## Agência "Faz Tudo"

Oferecemos serviços de encanador,
eletricista, jardineiro, pedreiro e pisci-
neiro. Agende uma visita!
Fone: 0300-225-3325

## Clínica Odontológica Bom Sorriso

Dentistas 24 h para garantir sua alegria.
www.bomsorrisoatodos.com
Rua das Margaridas, 100
Tel.: 965-842

**1.** Agora converse com os colegas e o professor e responda às questões.

**a)** Que tipo de serviço os anúncios acima oferecem?

_____

_____

_____

**b)** Quais profissionais oferecem esses serviços?

_____

_____

_____

_____

**c)** Você já viu algum anúncio parecido com esses? Onde?

_____

_____

_____

_____

**d)** Você sabe se sua família já fez uso de algum desses serviços oferecidos nos anúncios?

_____

_____

_____

_____

As atividades desenvolvidas pelos profissionais dos anúncios que vimos não estão voltadas para a fabricação de um produto, como a indústria, nem para compra ou venda de mercadorias, como o comércio. São atividades de prestação de serviços.

A atividade econômica de **prestação de serviços** é fundamentada nas habilidades ou nos conhecimentos de determinados profissionais. Esse tipo de atividade pode ser desenvolvido por profissionais liberais, empresas públicas ou particulares, que prestam serviços de interesse da comunidade em geral.

São prestadores de serviços: professores, advogados, nutricionistas, médicos, publicitários, fotógrafos, seguranças, artistas, entre tantos outros.

**2.** Observe com atenção a ilustração a seguir e identifique os profissionais prestadores de serviços. Em seguida, escreva o nome de cada profissional nos quadros. Por fim, pesquise e escreva no caderno como é o trabalho exercido por eles.

Raitan Ohi

# Centros de consumo

Os *shopping centers* são grandes centros de consumo e lazer encontrados em vários municípios brasileiros. Neles são oferecidos diversos tipos de comércio, como lojas e lanchonetes, e também serviços, como bancos, correios, parques de diversão e cinemas. Em seu município ou em um município vizinho ao seu há algum *shopping center*? Você já o visitou? O que achou da experiência?

*Shopping center* na cidade de Brasília, Distrito Federal, em 2014.

**1.** Você sabe o que é **consumo**? E o que significa a palavra **consumismo**?

Busque no dicionário o significado dessas duas palavras e escreva-os abaixo. Em seguida, converse com o professor sobre as diferenças entre as duas palavras.

**a)** consumo: _____

_____

_____

**b)** consumismo: _____

_____

_____

**2.** Agora que você já sabe a diferença entre consumo e consumismo, leia o trecho de uma história sobre Flávia e celulares e, em seguida, responda às questões.

A dona Letícia chegou perto da gente, ouviu nossos comentários e, depois, questionou:

— Mas, Flávia, você não tinha um celular?

— Tinha, mas estava velho. Eu usei quase um ano inteiro! Por isso pedi outro de presente...

— E o que vai fazer com três celulares?

— Ué... vou usar!

— E você precisa mesmo de três aparelhos, Flávia?

— É claro que eu preciso!

Shirley Souza. Eu preciso tanto! São Paulo: Escala Educacional, 2009.

**a)** No texto, Flávia diz que precisa de três aparelhos de celular. Ela está praticando consumo ou consumismo? Por quê?

_____

_____

_____

_____

**b)** Qual é sua opinião sobre o comportamento de Flávia? Converse com os colegas e o professor para saber a opinião deles. Depois escreva as conclusões a que chegaram.

_____

_____

_____

_____

_____

_____

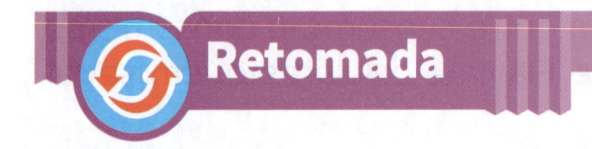
**1.** Leia a tirinha.

Na historinha, Magali diz que é fornecedora de matéria-prima para o Cascão. Por que ela diz isso?

_____

_____

_____

**2.** Leia o texto a seguir.

Esta é a namorada que beijou o guarda de trânsito que correu para o policial que abraçou o carteiro que deu um cartão-postal para o encanador que ajudou o vendedor que fez um favor para o chaveiro que contou uma piada para o engraxate que assobiou uma música para a vendedora que deu flores para o Seu Zico Pipoqueiro.

Sonia Junqueira. *Na rua lá de casa*.
Rio de Janeiro: Ediouro, 1995. p. 13.

Com os colegas e o professor, identifique os trabalhadores citados no texto e o tipo de atividade econômica em que cada um trabalha.

_____

_____

_____

**3.** Além de relacionar-se com os colegas da escola e com outras crianças, você convive com vários adultos, não é mesmo? Que tal conhecer um pouco mais o trabalho dessas pessoas?

**a)** Converse com dois adultos com os quais você convive e escreva as informações no caderno. Use o modelo de ficha a seguir para entrevistá-los.

Nome: _____

Local onde trabalha: _____

Trabalha em alguma destas atividades econômicas: indústria, comércio ou serviços?

_____

_____

Trabalha em outro tipo de atividade econômica? Qual?

_____

_____

**b)** O professor organizará a apresentação das pesquisas montando uma tabela geral com as respostas de todos os entrevistados pela turma. Em seguida, descubra: Em qual atividade econômica mais pessoas trabalham? E em qual delas há menor número de pessoas atuando?

## Para ler

**...Comprei aquilo, deu nisso...**, de Alexandra Lopes e André Mota. São Paulo: Editora do Brasil, 2008.
Uma loja cheia de opções e um menino que quer comprar tudo, dominado pelo consumismo. Conheça com Lucas as felicidades, ou não, de comprar tudo o que se deseja, mas não o que é realmente necessário.

**O segredo das máquinas e das indústrias**. São Paulo: Editora Abril, 2014. (Coleção Mundo Estranho – Por Dentro das Coisas).
Fique por dentro da história das brilhantes invenções humanas relacionadas ao trabalho.

## Para assistir

**A fantástica fábrica de chocolate**, direção de Tim Burton, 2005.
Que tal conhecer uma maravilhosa fábrica de chocolate? Mas não é só isso... o esperto garotinho que ganha um concurso para visitar a fábrica vive muitas aventuras.

# Os serviços públicos essenciais

**1.** A ilustração abaixo mostra que o espaço urbano deste município não está sendo bem cuidado. Você pode identificar nela as situações que mostram descuido? Circule aquilo que você considera errado na manutenção do lugar.

Raitan Ohi

Para que os lugares em que vivemos não fiquem como os da imagem acima, é preciso que sejam bem cuidados. Você sabe que tipos de serviços públicos são importantes para que os municípios sejam bem cuidados e sua população, bem tratada?

# ◈ O que são serviços públicos essenciais

Além dos serviços que envolvem profissionais liberais e trabalhadores de empresas particulares, como vimos anteriormente, que outros tipos de atividades são necessários nos municípios? Em sua opinião, transporte coletivo, coleta de lixo, atendimento em saúde e educação, coleta e tratamento de esgoto, fornecimento de água e energia elétrica para a população dos municípios são atividades importantes? Quem oferece esses serviços?

Os **serviços públicos** podem ser oferecidos pelo governo do município (prefeitura), pelo governo do estado ou pelo governo federal, tanto no espaço urbano como no espaço rural, com o objetivo de manter os espaços públicos e o bem-estar da população. Vamos conhecer alguns deles.

## Transporte coletivo

O transporte coletivo é um serviço que possibilita aos habitantes de um município se deslocarem de um bairro a outro na cidade e também para o espaço rural, além de interligar a cidade e o campo.

Esse tipo de transporte geralmente é feito por ônibus, mas em cidades maiores também pode ser feito por trens, metrôs e até barcos.

As prefeituras são obrigadas a fornecer transporte público coletivo para a população. Em muitos municípios brasileiros, o transporte coletivo é realizado por empresas que obtêm permissão do governo municipal.

Karol Kozlowski/Shutterstock.com

Barca de passageiros que faz o transporte entre as cidades de Niterói e Rio de Janeiro, no estado do Rio de Janeiro, 2015.

Terminal urbano em Chapecó, estado de Santa Catarina, 2015. As empresas de transporte coletivo devem prestar um serviço de qualidade à população.

Nas grandes cidades pode haver outros tipos de transporte coletivo, como esse metrô na cidade de São Paulo, estado de São Paulo, 2017.

**1.** Você utiliza algum tipo de transporte público coletivo em seu município? Qual?

# Coleta de lixo, limpeza e conservação das vias públicas

Observe as imagens.

A prefeitura é responsável por coletar o lixo e depositá-lo em lugar adequado. Muitas vezes contratam-se empresas especializadas para esses serviços. Cada vez mais cidades brasileiras fazem coleta seletiva do lixo. Nesse processo, o lixo orgânico é separado dos produtos que podem ser reaproveitados (embalagens de papel e plástico, vidro etc.).

Caminhão de coleta seletiva de lixo em Brasília, Distrito Federal, 2014.

A limpeza e conservação das vias públicas é importante para a saúde e o bem-estar dos cidadãos. Equipe de corte de grama e limpeza em Vitória, no Espírito Santo, 2016.

É necessário que ruas e avenidas sejam conservadas para que pessoas e veículos trafeguem com segurança. Caminhão de poda, limpeza e conservação. Londrina, Paraná, 2014.

Você já viu esses tipos de serviços em seu município? As vias públicas – ruas, avenidas e calçadas – são espaços onde os veículos e as pessoas transitam. Assim, é necessário tomar alguns cuidados para que elas fiquem limpas e seguras.

As prefeituras dos municípios são responsáveis pela coleta de lixo, iluminação e conservação das vias públicas e pelos **serviços públicos essenciais** para o bem-estar de seus habitantes. Assim como acontece com os transportes coletivos, a limpeza do município pode ser feita por empresas contratadas pela prefeitura.

Serviços como varrição de ruas e praças, colocação de lixeiras em lugares acessíveis para o uso da população, poda de árvores, aparo de grama e limpeza de terrenos sem ocupação também fazem parte da limpeza pública.

1. É importante lembrar que a rua é um espaço que pertence a todos nós. Portanto, também somos responsáveis por sua conservação. Converse com os colegas sobre as atitudes que devemos ter para conservar as ruas limpas.

## Para saber mais

## Pilhas e baterias

Você sabia que as pilhas usadas em brinquedos e outros aparelhos eletrônicos contêm produtos tóxicos que, se manipulados incorretamente, podem ser muito perigosos para as pessoas, os animais e o meio ambiente?

Pilhas e baterias, como as de celulares, contêm mercúrio, lítio e chumbo, entre outros produtos que podem contaminar a água, o solo e intoxicar os seres vivos. Por isso, é muito importante que **não** sejam descartadas no lixo comum.

Em seu município há algum ponto de coleta de pilhas e baterias usadas? Pergunte ao professor e a seus familiares se sabem como é feita essa coleta e, junto com os colegas, alertem as pessoas sobre isso.

As pilhas e baterias devem ser descartadas em coletores especiais, de onde serão levadas e depositadas em lugares apropriados.

Léo Burgos

# Saúde e educação

Observe com atenção os cartazes.

Ministério da Saúde

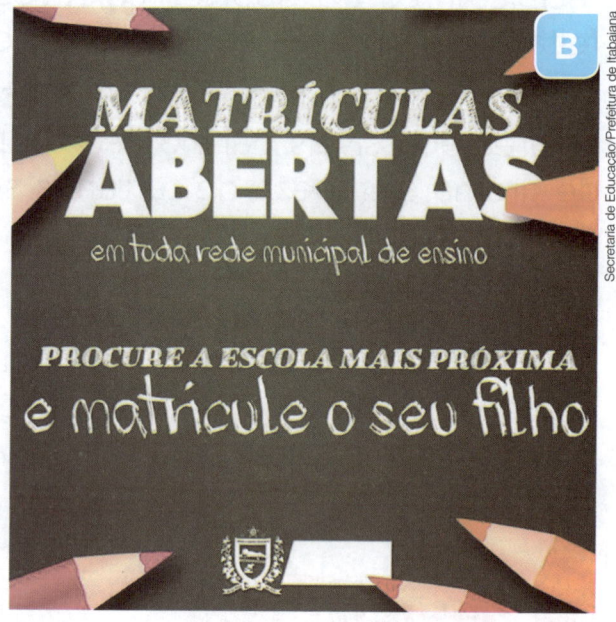

Secretaria de Educação/Prefeitura de Itabaiana

1. Agora converse com o professor e os colegas e responda às questões:

a) Qual é o assunto do cartaz A?

_____

_____

b) E o cartaz B, sobre o que é?

_____

_____

c) Você já viu algum cartaz parecido com esses?

_____

_____

_____

Os cartazes da página anterior mostram uma campanha de vacinação e o anúncio do período de matrículas na escola pública.

Os serviços públicos de saúde e educação são responsabilidade do governo dos municípios, dos estados e do governo federal.

As unidades ou postos de saúde, por exemplo, são locais de atendimento à população, menores que os hospitais. Geralmente neles se faz acompanhamento médico, aplicação de vacinas, exames, consultas e distribuição de medicamentos para a população. Em muitos postos de saúde também há atendimento odontológico.

A Educação Infantil (para crianças de 0 a 6 anos), o Ensino Fundamental e o Ensino Médio, assim como as bibliotecas, são serviços oferecidos gratuitamente à população. Educação é um direito da criança e do adolescente. Todas as crianças que procurarem as escolas públicas devem ser matriculadas, sem nenhum custo para a família.

## Os conselhos municipais

Você sabe como as ideias da população podem ser mais bem ouvidas pelos vereadores e pelo prefeito ou prefeita de seu município? Por meio dos **conselhos municipais**: grupos formados por representantes da comunidade e por funcionários do governo municipal. O objetivo desses conselhos é melhorar os serviços públicos essenciais e defender os direitos dos cidadãos. Em geral, fazem reuniões periódicas para discutir os problemas do município e buscar soluções.

Os conselhos municipais podem ser de vários tipos, veja alguns exemplos:

- Conselho Municipal de Saúde: verifica como são realizados os serviços de saúde (postos, hospitais etc.);

- Conselho Municipal de Educação: avalia a qualidade dos serviços de educação (escolas, bibliotecas etc.);

- Conselho Municipal dos Direitos da Criança e do Adolescente: verifica se os direitos das crianças e dos adolescentes do município estão sendo respeitados;

- Conselho Municipal do Meio Ambiente: observa se há problemas ambientais, como poluição do ar, da água e dos solos.

Será que em seu município há conselhos municipais atuantes? Converse com o professor sobre isso e peça a ele que verifique essa informação.

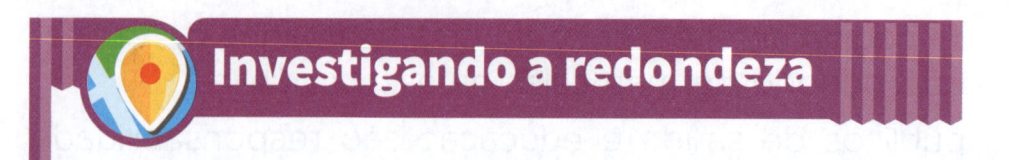

# Conhecendo os serviços públicos

Que tal investigar como alguns serviços públicos funcionam no local onde você mora? Entreviste três adultos fazendo as perguntas abaixo. Complete o quadro de respostas com os símbolos:

| Inexistente | Ruim | Regular | Bom |
|:---:|:---:|:---:|:---:|
| | | | |

Ilustrações: José Wilson Magalhães

Como é:

1. O serviço de ônibus do bairro em relação aos horários e à quantidade de linhas?

2. A conservação dos pontos de ônibus?

3. O valor da passagem?

4. O serviço de coleta de lixo?

5. A limpeza das ruas em seu bairro?

6. A sinalização de trânsito?

7. A segurança no bairro (há policiamento, por exemplo)?

8. O atendimento à saúde no bairro?

9. A qualidade das escolas públicas do bairro?

10. O atendimento nas creches do bairro?

11. O atendimento na biblioteca pública da cidade?

| Quadro de respostas | | | |
|---|---|---|---|
| Questões | Entrevistado 1 | Entrevistado 2 | Entrevistado 3 |
| 1 | | | |
| 2 | | | |
| 3 | | | |
| 4 | | | |
| 5 | | | |
| 6 | | | |
| 7 | | | |
| 8 | | | |
| 9 | | | |
| 10 | | | |
| 11 | | | |

Discuta, em grupo de 4 a 5 alunos, os resultados obtidos  analisando as respostas de cada pessoa entrevistada por vocês. Identifiquem os temas que obtiveram maior número de respostas **regular**  ou **ruim**  e conversem sobre o que o governo do município deve fazer para melhorá-los. Escrevam no caderno as sugestões do grupo, de acordo com cada setor.

**1.** Melhorias no transporte coletivo

**2.** Melhorias na coleta de lixo, limpeza e conservação das vias públicas

**3.** Melhorias na saúde e na educação

Ao final da atividade, em uma roda de conversa com o resto da turma, leia as respostas de seu grupo e escute a opinião dos outros grupos. Decidam quais são as melhores propostas e escrevam um texto coletivo com elas. Com a ajuda do professor e da direção da escola, enviem o texto com as propostas da turma para a prefeitura e os conselhos municipais da cidade onde você mora.

# Fornecimento de energia elétrica

Observe as imagens abaixo. Marque com **X** o que você acha interessante fazer em seu tempo livre; pode escolher mais de uma opção. Em seguida, conte suas opções aos colegas e ouça as respostas deles.

Ilustrações: José Wilson Magalhães

Você já pensou que, sem o fornecimento de energia elétrica, nenhuma dessas opções seria possível? Mas onde é produzida a energia elétrica que usamos? Como ela chega até nós?

As usinas hidrelétricas geram a maior parte da energia elétrica produzida no Brasil. Essa energia é fundamental para movimentar as máquinas nas fábricas, iluminar residências, escritórios, supermercados, vias públicas etc. É por causa do fornecimento de energia elétrica que temos, atualmente, os confortos da vida moderna, como eletrodomésticos, telefones celulares e computadores.

O esquema ilustrado a seguir mostra de que modo a energia gerada de usinas hidrelétricas chega à nossa residência. Numere as ilustrações observando a ordem em que ocorrem as etapas descritas nas legendas.

**Geração e distribuição de energia hidrelétrica**

Em alguns rios constroem-se barragens para represar a água e formar lagos artificiais chamados reservatórios.

A força da queda da água represada gira as turbinas das usinas hidrelétricas construídas junto às barragens. O movimento das turbinas gera uma grande quantidade de energia elétrica.

Por meio dos cabos e das torres de transmissão, a energia é conduzida até as estações ou subestações.

Das subestações, a energia é distribuída para residências, estabelecimentos comerciais, fábricas, serviços públicos e propriedades rurais.

Vagner Coelho

# Do rio até a torneira de casa

Diariamente, as pessoas necessitam de água para manter a saúde e o bem-estar. Todos precisam de água para beber, cozinhar, lavar roupas, tomar banho, entre tantas outras atividades.

Você já parou para pensar como seria ficar um dia inteiro sem água? O que aconteceria? Como você se comportaria?

## Captação, tratamento e distribuição de água

**1** A água é captada de rios, represas ou mesmo do **subsolo**.

**Subsolo:** que está abaixo da superfície.

**2** Em seguida, ela é bombeada para as estações de tratamento, em grandes tanques, filtrada e tratada com produtos químicos, como cloro e flúor.

**3** Depois de limpa e tratada, a água é bombeada por grandes tubulações para reservatórios nos bairros. Essas tubulações ficam posicionadas, geralmente, embaixo das ruas.

CAPTAÇÃO DE ÁGUA

BOMBEAMENTO

ESTAÇÃO DE TRATAMENTO

BOMBEAMENTO

A água é muito importante tanto para os habitantes do campo como para os da cidade. Mas como a água disponível nas torneiras chega até nossa casa ou à escola?

Nos municípios, a água é fornecida por uma empresa pública ou privada que é responsável pelo abastecimento de todas as moradias, fábricas, escritórios, lojas, supermercados e outros serviços públicos. Para chegar até nós, a água passa por várias etapas. Observe o exemplo.

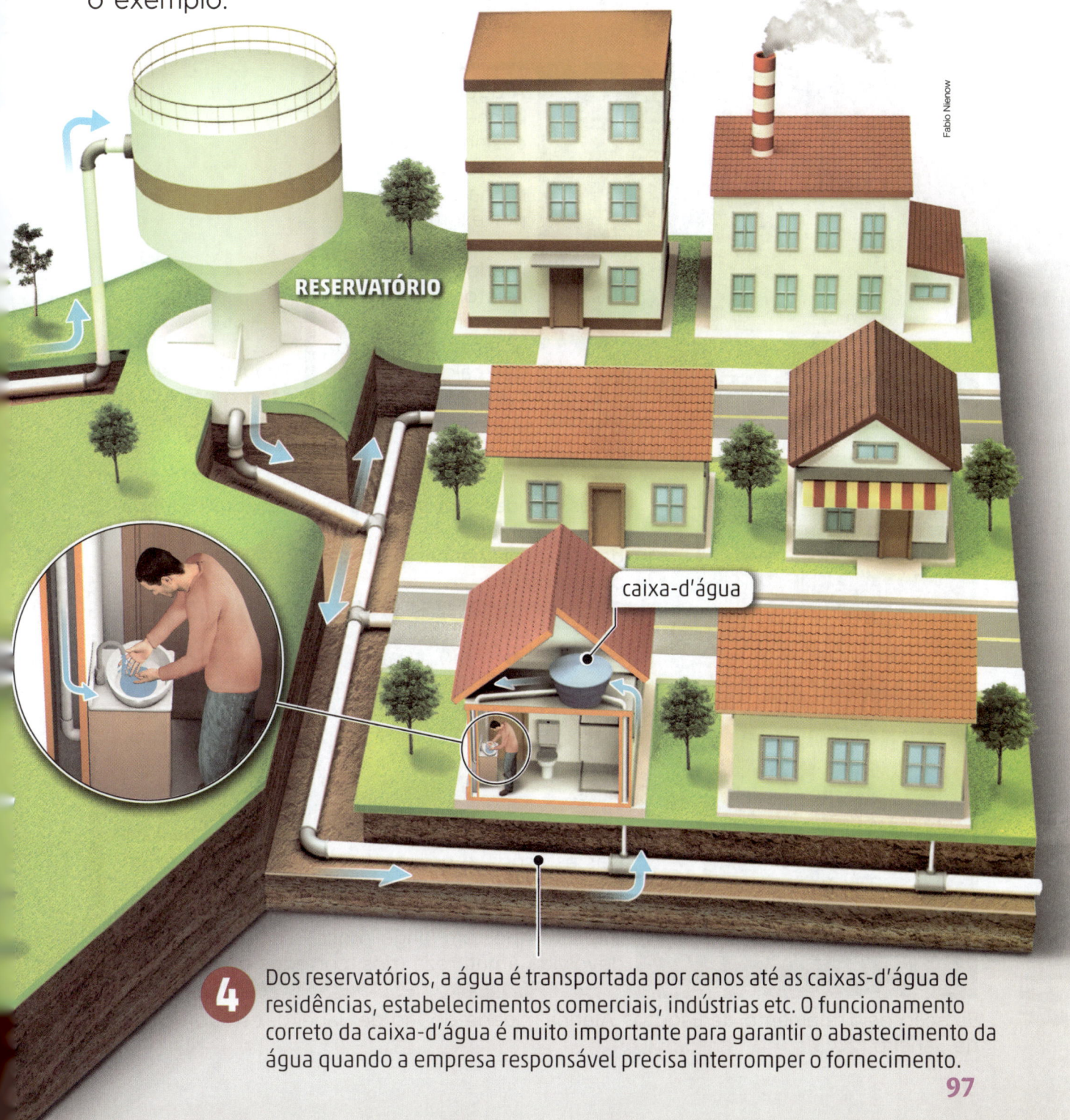

RESERVATÓRIO

caixa-d'água

Fabio Nienow

**4** Dos reservatórios, a água é transportada por canos até as caixas-d'água de residências, estabelecimentos comerciais, indústrias etc. O funcionamento correto da caixa-d'água é muito importante para garantir o abastecimento da água quando a empresa responsável precisa interromper o fornecimento.

# Coleta e tratamento de esgoto

Para onde vai a água que usamos todos os dias? Atualmente, há rede coletora de esgoto em mais da metade das cidades brasileiras. Esse serviço, em geral, é prestado pela mesma empresa de fornecimento de água. A rede recolhe a água suja (esgoto) das casas, resíduos de indústrias etc. e leva para uma estação de tratamento. Lá, o esgoto é limpo e tratado antes de ser jogado novamente na natureza. Veja o esquema.

A água suja do banheiro, da cozinha e dos lugares onde a roupa é lavada, por exemplo, é coletada por tubos ligados à rede coletora de esgoto, que, em geral, está enterrada embaixo das calçadas, na via pública.

Tubulação de esgoto em Altamira, Pará, 2014.

Essas grandes tubulações levam o esgoto coletado para as estações de tratamento que, na maioria das vezes, ficam nas partes mais baixas do relevo dos municípios.

Nas estações, o esgoto é filtrado diversas vezes em tanques, de onde se retiram as impurezas e nele são aplicados diferentes produtos para limpeza. Após um longo processo, a água limpa é devolvida à natureza (rios, córregos ou oceanos).

Estação de Tratamento de Esgotos Alegria, cidade do Rio de Janeiro, estado do Rio de Janeiro, 2015.

Em muitas cidades e no espaço rural onde não há rede coletora de esgoto é comum o uso de fossas. A fossa é um buraco profundo, feito no interior da propriedade, a fim de armazenar o esgoto doméstico. Entretanto, já existem fossas prontas para instalação, como a mostrada na imagem.

Priscila Viudes

Fossas em Senador Guiomard, Acre, 2012.

## Os riscos de água e alimentos contaminados

A falta de água encanada e de coleta de esgoto pode levar as pessoas a ingerir alimentos e água contaminados, além de adquirir doenças como hepatite e cólera. Observe a fotografia e, no caderno, escreva um pequeno texto sobre o que você vê na imagem e sugira soluções para o problema.

Hans Von Manteuffel/Pulsar Imagens

Esgoto a céu aberto na Comunidade do Pilar, município do Recife, Pernambuco, 2016.

# Serviço de coleta de esgoto no Brasil

O fornecimento de água tratada e a coleta de esgoto nem sempre são serviços oferecidos para todos os habitantes de um município. Em muitos lugares de nosso país há pessoas que não dispõem desses serviços.

**1.** Siga o modelo e responda às questões.

Em nosso país há **5 570** (cinco mil, quinhentos e setenta) municípios.

Apenas 3 069 têm coleta de esgoto.

$5570 - 3069 = 2501$

$$\begin{array}{r} 5570 \\ -\ 3069 \\ \hline 2501 \end{array}$$

Em 2 501 municípios brasileiros <u>não há coleta de esgoto</u>.

**a)** No estado do Maranhão há 217 municípios.

Em apenas 14 há coleta de esgoto. Em quantos municípios do Maranhão <u>não há coleta de esgoto</u>?

_____

_____

_____

**b)** No estado de São Paulo há 645 municípios.

Em 644 municípios há coleta de esgoto. Em quantos municípios <u>não há coleta de esgoto</u>?

_____

_____

_____

# Os serviços públicos são gratuitos?

Vimos que os serviços públicos essenciais são oferecidos pela prefeitura do município ou pelo estado. Isso quer dizer que são gratuitos? Quem paga por eles?

Todos os serviços públicos essenciais são pagos pela população do município. O dinheiro para o pagamento desses serviços é coletado na forma de tarifas, taxas ou impostos. Entre os impostos mais importantes recolhidos pelo governo municipal há o Imposto Predial e Territorial Urbano (**IPTU**). O IPTU é cobrado anualmente de quem tem propriedade no espaço urbano, seja residência, seja estabelecimento comercial, ou mesmo um terreno vazio.

No valor do IPTU pago pela população estão incluídas as taxas de serviços de coleta de lixo e conservação das vias públicas, entre outras.

Karla Vieira/SEMCOM do Estado de Manaus

Entrega de carnê do IPTU em Manaus, Amazonas, 2017.

O dinheiro arrecadado com os impostos municipais é utilizado pela prefeitura para pagar funcionários, asfaltar ruas e avenidas, construir novos postos de saúde nos bairros, ampliar o número de escolas e de salas de aula, manter praças, parques e jardins, entre outras benfeitorias.

Já os serviços de água, esgoto e energia elétrica são, em geral, cobrados em tarifas mensais. Os valores dessas tarifas são calculados de acordo com o consumo das residências (domicílios) ou empresas.

# Informações e dados

## Leitura de uma conta de energia elétrica

Observe a imagem desta conta fictícia.

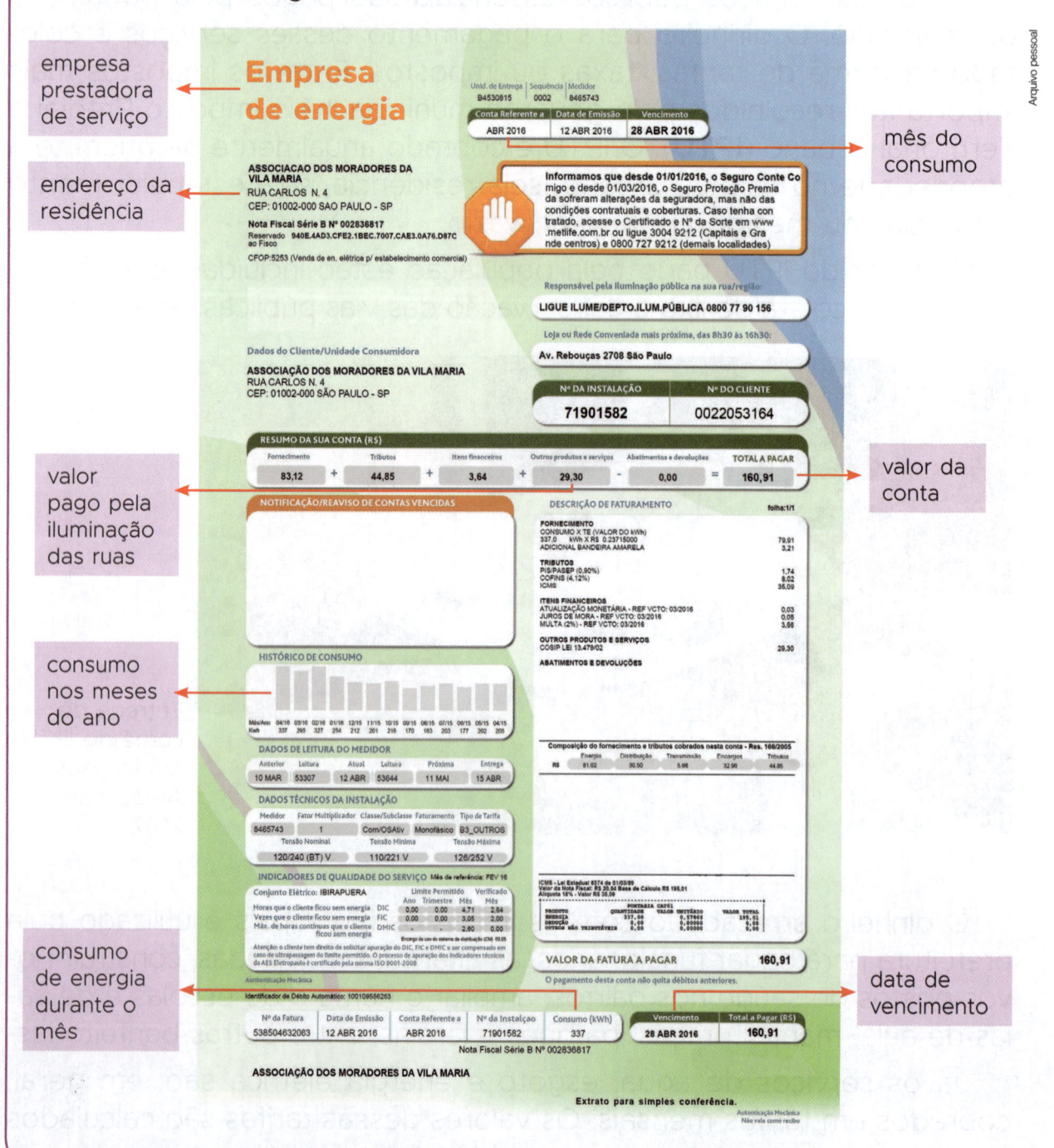

empresa prestadora de serviço

endereço da residência

valor pago pela iluminação das ruas

consumo nos meses do ano

consumo de energia durante o mês

mês do consumo

valor da conta

data de vencimento

Arquivo pessoal

Para conhecer melhor de que modo são cobrados os serviços essenciais em seu município e o consumo em sua casa, analise uma conta de água ou de energia elétrica.

1. Peça a seus responsáveis que lhe mostrem uma dessas contas. Observe-a e preste atenção nos detalhes. Em seguida, converse com eles para responder às seguintes perguntas:

a) Como é o consumo de água e energia elétrica em nossa casa?

_____

_____

_____

_____

b) O consumo é mais alto em determinados meses do ano que em outros? Por quê?

_____

_____

_____

_____

2. Verificamos anteriormente que para haver fornecimento de energia elétrica e de água são utilizados recursos da natureza, como os rios. Em sua opinião, se economizarmos água e energia contribuímos para a preservação do meio ambiente? Por quê?

_____

_____

_____

_____

_____

# Relembrando coordenadas

Vamos relembrar como localizar elementos em um desenho? Acompanhe os números das linhas e as letras das colunas, chamados de **coordenadas**.

Observe atentamente o desenho e, em seguida, indique a localização do que se pede.

José Wilson Magalhães

**1.** Onde está localizada a estação de captação de água?

_____

**2.** Por onde está passando o caminhão de coleta de lixo?

_____

**3.** Em quais quadros há pontos de ônibus?

_____

**4.** Onde está a biblioteca?

_____

**5.** Onde está o posto de saúde?

_____

**6.** Em qual quadro há um profissional fazendo a manutenção da iluminação pública?

_____

**7.** Onde está a estação de distribuição de energia elétrica?

_____

**8.** Em que local está a caixa-d'água do bairro?

_____

**9.** Onde se localiza a escola?

_____

**10.** Por quais quadros o rio passa?

_____

1. Decifre os códigos de números e letras e descubra os serviços públicos essenciais.

| 1 | A | | 2 | Á | | 3 | Ã | | 4 | B | | 5 | C |
|---|---|---|---|---|---|---|---|---|---|---|---|---|---|
| 6 | Ç | | 7 | D | | 8 | E | | 9 | É | | 10 | F |
| 11 | G | | 12 | I | | 13 | L | | 14 | M | | 15 | N |
| 16 | O | | 17 | P | | 18 | R | | 19 | S | | 20 | T |
| | | | 21 | U | | 22 | Ú | | 23 | V | | 24 | X |

a) 20  18  1  20  1  14  8  15  20  16  8  1  4  1  19  20  8  5  12  14
   8  15  20  16  7  8  2  11  21  1

_____

b) 20  18  1  15  19  17  16  18  20  8  5  16  13  8  20  12  23  16

_____

c) 5  16  13  8  20  1  7  8  13  12  24  16

_____

d) 8  7  21  5  1  6  3  16

_____

e) 19  1  22  7  8

_____

f) 10  16  18  15  8  5  12  14  8  15  20  16  7  8  8  15  8  18  11
   12  1  8  13  9  20  18  12  5  1

_____

**2.** Se uma pessoa lhe perguntasse qual é a importância de serviços como coleta de lixo, limpeza e conservação das vias públicas, o que você responderia?

_____

_____

**3.** Observe os quadrinhos e marque com **X** os que representam desperdício de água, de energia elétrica ou os dois.

Ilustrações: Raitan Ohi

• Pergunte para as pessoas que convivem com você: Como é possível não desperdiçar a água e a energia elétrica consumidas em casa e na escola? Faça um desenho com a melhor resposta.

## Periscópio

### 📖 Para ler

**Jogando limpo**, de Leonardo Mendes Cardoso. São Paulo: Editora do Brasil, 2015.
Um menino que vivia sem vontade de brincar, não comia muito bem e estava sempre sujo era alvo de muitas doenças. Uma visita ao pediatra, com sua mãe, mudou muita coisa em sua vida.

**Terra, casa de todos!**, de Fernando Carraro. São Paulo: FTD, 2015.
Donato é um menino de 10 anos que mora em uma comunidade pobre não atendida por serviços públicos importantes, como saneamento básico. Um dia, na escola, Donato ganhou um livro com depoimentos de pessoas que lutam por melhorias em suas comunidades. A leitura desse livro mudou a vida dele.

**O ciclo da água**, de Cristina Quental e Mariana Magalhães. São Paulo: Leya, 2013.
Em um dia chuvoso, os alunos chegaram molhados à escola. A professora Tita aproveitou para explicar como ocorre a chuva e o ciclo da água.

### 👆 Para acessar

**Jogo do labirinto:** agora que você já aprendeu a usar as coordenadas, que tal brincar com um jogo para treinar suas habilidades? Ajude a personagem a encontrar seus amigos!
Disponível em: <http://tvratimbum.cmais.com.br/jogos/habilidade/jogo-do-labirinto>. Acesso em: maio 2017.

# O meio ambiente urbano

Veja o desenho abaixo.

Thomas Kenji

Esse desenho é de Cristina (9 anos), estudante do 4º ano. Ela é uma criança preocupada com os problemas ambientais da cidade onde vive e mostra isso em seus desenhos.

**1.** E você? Conhece algum tipo de problema ambiental que ocorre no espaço urbano de seu município? Qual?

_____

_____

#  Problemas ambientais no espaço urbano

Você já viu que os seres humanos podem transformar as paisagens de diferentes maneiras, não é mesmo? E que isso é importante porque muitas vezes atende às necessidades dos habitantes dos municípios. Mas que problemas podem ocorrer quando essas transformações são prejudiciais ao ambiente?

## Impermeabilização do solo

**1.** Leia o texto a seguir e responda às questões.

São José do Rio Preto, São Paulo, 2015.

Em pouco tempo a gente podia contar as árvores que sobravam, uma aqui, outra mais adiante. O maior problema é que elas ficavam isoladas, sem companhia, e já não podiam conversar entre si.

E árvore conversa? Claro que sim, lá do jeito delas, que é um jeito silencioso de mexer as folhas. Os passarinhos tentavam ajudar, levando recados na ponta do bico.

Dudu Calves. *O quintal de Dona Lula*. São Paulo: Melhoramentos, 1980. p. 4-5.

**a)** Do que o texto trata?

_____

_____

**b)** Por que você acha que as árvores ficaram isoladas?

_____

_____

_____

**c)** Isso é um problema do espaço urbano? Explique sua opinião.

_____

_____

_____

Um dos problemas que ocorrem com frequência, especialmente nas grandes cidades, é a chamada **impermeabilização do solo**. Impermeabilizar significa impedir a passagem da água das chuvas para o solo por meio de construções e do asfaltamento ou calçamento de áreas urbanas. Veja:

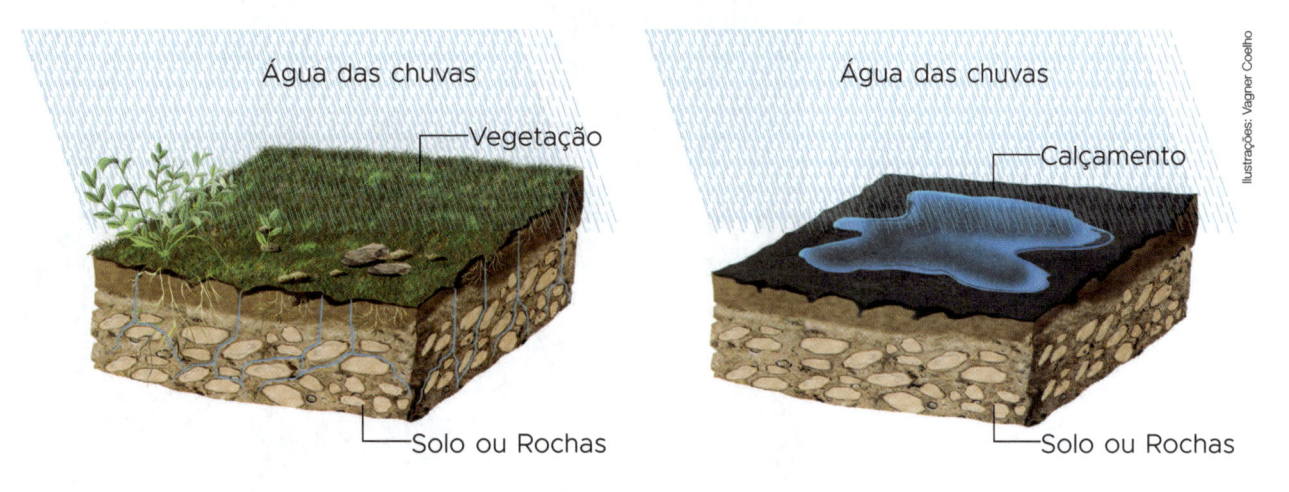

Água das chuvas — Vegetação — Solo ou Rochas

Água das chuvas — Calçamento — Solo ou Rochas

Ilustrações: Vagner Coelho

Quando a água é impedida de infiltrar-se no solo, escoa com mais velocidade em direção às áreas mais baixas do relevo, geralmente ocupadas por rios e córregos. Com isso, os rios podem encher com maior rapidez durante uma forte chuva e transbordar, invadindo ruas e até mesmo casas, lojas e outras construções. Esse é um dos principais fatores que podem causar enchentes nas cidades.

As enchentes também podem ocorrer quando há uma grande quantidade de lixo depositada nos **leitos** e nas margens dos rios. Observe o exemplo.

**Leito:** no texto, é o caminho por onde o rio passa.

Em dias de muita chuva, o rio Tietê, que corta parte da cidade de São Paulo, pode causar enchentes. Isso porque há um grande acúmulo de lixo em seu leito e boa parte do solo à sua volta foi impermeabilizado.

Na fotografia vemos uma enchente na Marginal do rio Tietê, na cidade de São Paulo, em 2017.

Vista do mesmo local da Marginal Tietê em um dia sem enchente. São Paulo, estado de São Paulo, 2013.

# Poluição das águas

Veja a fotografia. O que está acontecendo neste córrego?

Lixo em córrego na cidade do Rio de Janeiro, estado do Rio de Janeiro, 2017.

A poluição das águas de rios, córregos, lagos e do mar é causada, principalmente, pelo lançamento de esgoto sem tratamento, lixo e resíduos de indústrias e residências.

O esgoto não tratado, jogado diretamente nos rios e mares, contém uma grande quantidade de substâncias prejudiciais tanto ao ambiente e aos animais quanto aos seres humanos. A água contaminada, portanto, não deve ser consumida por seres vivos, pois pode causar doenças ocasionadas por vírus e bactérias.

O lixo e os resíduos das indústrias ou mesmo de residências podem conter materiais tóxicos. Assim, se lançados diretamente na água de rios, lagos e no mar, podem matar as plantas e contaminar os animais e os seres humanos, causando sérios problemas de saúde.

# Poluição do ar, poluição visual e poluição sonora

Observe a ilustração abaixo:

José Wilson Magalhães

**1.** Muitas vezes, ouvimos falar de poluição no dia a dia, não é mesmo? O desenho acima mostra três tipos diferentes de poluição. Você sabe quais são eles? Você consegue identificá-los na imagem? Vamos tentar?

Com os colegas e o professor, marque-os na ilustração usando os símbolos a seguir.

X – poluição do ar     O – poluição sonora     □ – poluição visual

Encontraram a resposta?

Agora vamos entender um pouco melhor cada um desses tipos de poluição, eles também são problemas ambientais de muitas cidades de nosso país e do mundo.

A **poluição do ar** pode ser causada, por exemplo, pela fumaça lançada pelas chaminés das indústrias, pelos veículos ou pela queima de lixo. Esse tipo de poluição pode provocar doenças respiratórias, irritação nos olhos e garganta, entre outros efeitos prejudiciais à saúde dos seres humanos.

A fumaça lançada pelas chaminés das fábricas e pelos escapamentos dos automóveis polui o ar emitindo gases tóxicos para os seres vivos. Na fotografia vemos escapamento de ônibus soltando fumaça. São Paulo, estado de São Paulo, 2016.

Quando observamos um lugar em que existe grande concentração de cartazes, *outdoors*, anúncios luminosos, faixas, pinturas, placas etc., dizemos que ali há **poluição visual**. Esse tipo de poluição interfere nas paisagens, podendo causar desconforto visual e até mesmo tirar a atenção de motoristas no trânsito.

A grande quantidade de luminosos e placas pode prejudicar a atenção dos motoristas. Na fotografia vemos poluição visual pelo excesso de placas e toldos em Porto Velho, estado de Rondônia, 2016.

**115**

## Poluição sonora

FOM FOM! BII BII!
TUM TUM! PRRRR!

Além da poluição do ar e da poluição visual, é comum, no espaço urbano das grandes cidades, a **poluição sonora**. Esse tipo de poluição pode ser causado por: ruídos de automóveis, motocicletas, caminhões, aviões, máquinas funcionando em construções ou, ainda, som de propagandas em alto-falantes etc.

1. Marque as ações que podem causar problemas ambientais no espaço urbano.

☐ Jogar lixo nos rios.

☐ Som alto ligado em frente a uma grande loja.

☐ Reciclar o lixo doméstico.

☐ Muitos carros circulando pelas ruas.

☐ Despejar esgoto sem tratamento nos rios, córregos e no mar.

☐ Retirar a vegetação de forma não controlada.

☐ Replantar árvores em torno dos rios.

☐ Jogar o lixo das casas nos bueiros.

3. Identifique e classifique os tipos de poluição mostrados nos desenhos.

Ilustrações: Raitan Ohi

# Investigando nosso lugar

Conhecer bem o lugar onde vivemos é muito importante para que possamos ajudar a resolver alguns problemas ambientais.

1. Na sala de aula, sob orientação do professor, forme um grupo e converse com os colegas sobre as questões a seguir.

- Há algum tipo de poluição sonora na região em torno da escola? E na sala de aula? Quais sons você ouve? Você consegue distingui-los? Fique alguns minutos em silêncio e, em seguida, faça uma lista, no caderno, do que pode ser ouvido.

- Esses sons o incomodam, tiram sua atenção na hora da aula? O que pode ser feito para resolver esse problema?

- Há algum tipo de poluição do ar na região em torno da escola? Descreva-a. O que pode ser feito para resolver esse problema?

Agora, respondendo às questões acima, elabore um texto, em conjunto com os colegas do grupo, e o escreva nas linhas abaixo.

_____

_____

_____

_____

_____

_____

_____

_____

_____

# Problemas ambientais no espaço urbano

E você? Não ficará vendo problemas ambientais em sua cidade sem fazer nada, não é mesmo? Então, mãos à obra. Precisamos usar nosso "olhar atento" sobre as paisagens do espaço urbano para identificar possíveis problemas ambientais. Converse com os colegas e, juntos, listem algumas ações que podem evitá-los. Veja algumas dicas.

Você e os colegas podem incentivar o uso da coleta seletiva de lixo em casa e na escola. Vamos relembrar como funciona?

**Podemos reciclar**: vidros, garrafas PET, sacos de plástico, papel e papelão, latas e outras embalagens de alumínio, embalagens longa vida.

**Não podemos reciclar**: espelhos e vidros refratários, lenços de papel, papel higiênico, barbeadores, fraldas descartáveis, esponjas de aço, adesivos e restos de alimentos.

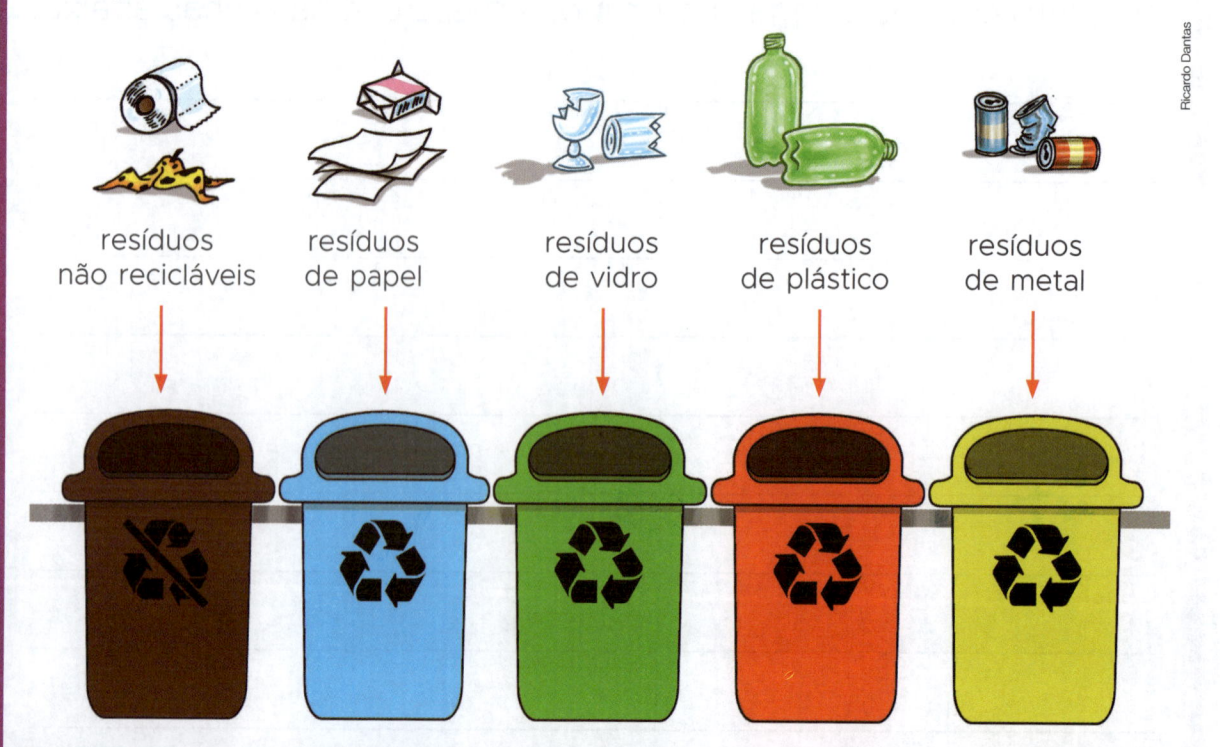

Ricardo Dantas

| resíduos não recicláveis | resíduos de papel | resíduos de vidro | resíduos de plástico | resíduos de metal |

- Você pode alertar as pessoas para que não joguem lixo no chão da escola e nas ruas. Elas precisam estar cientes das consequências de suas ações.

Ilustrações: Ricardo Dantas

- Peça aos motoristas que acionem a buzina somente quando necessário.

- Oferecer carona é uma ótima alternativa para diminuir a poluição do ar e a poluição sonora. Dessa forma, haverá menos carros nas ruas e economia de combustível, um recurso natural!

**1.** Agora responda: Algumas dessas ações já são praticadas por você e sua família? Quais?

# Trabalhando tamanho e proporção

Vamos iniciar o trabalho desta seção lendo e desenhando?

1. Com o professor, leia o poema e, sozinho, desenhe nos quadros aquilo que você entendeu de cada parte do texto.

Se você é bem esperto
E enxerga longe e perto,
Já percebeu que o mundo
Tem coisas interessantes
Que não param de mudar,
Nunca são o que eram antes,
Parecem querer brincar!
TAMANHO é uma dessas coisas
Que deixam tudo confuso.
A gente quer entender
E se enrosca igual parafuso!
[...]

O avião, por exemplo,
É algo grande de fato.
Mas quando voa no céu,
Parece menor que um sapo.

Um pequeno grão de areia
Não incomoda ninguém,
Mas, se entra nos seus olhos,
Incomoda muito bem!
O **arranha-céu** eu diria
Que é grande de verdade.
Porém, se visto do céu,
É um brinquedo da cidade.

Sonia Salermo Forjaz. *Pontos de vista.*
São Paulo: Moderna, 1992. p. 4 e 13-15.

**Arranha-céu:** um edifício muito alto.

No poema, a autora brinca com o tamanho de alguns elementos que podemos encontrar nas paisagens.

Agora, seguindo as orientações do professor, observe os desenhos que os colegas fizeram no livro. Eles são iguais? Como cada um representou os versos do poema?

**2.** Observe a cena. Há algo estranho nela?

José Wilson Magalhães

**a)** Descubra quais elementos estão em **tamanho maior** do que são na realidade e faça um círculo em cada um deles na ilustração acima. Em seguida, faça uma lista desses elementos utilizando as linhas abaixo.

_____

_____

**b)** Descubra também aquilo que está representado em **tamanho menor** do que é na realidade e marque-o com um **X** na ilustração acima. Em seguida, faça uma lista desses elementos utilizando as linhas abaixo.

_____

_____

# Pesquisa e exposição

No estudo desta unidade, você e os colegas puderam conhecer melhor alguns tipos de poluição que afetam o meio ambiente urbano. Agora é sua vez de mostrar para outros alunos da escola um pouco do que sabe desses problemas.

Forme um grupo de trabalho com alguns colegas e, juntos, façam uma pesquisa sobre um problema ambiental do espaço urbano no município onde vivem. Cada grupo deve ficar responsável por um dos temas a seguir. Veja como isso pode ser feito e siga as orientações do professor.

### Grupo 1 – Poluição das águas

Vocês devem pesquisar a poluição de rios ou córregos do município. Se é um município litorâneo, pesquisem também a qualidade da água do mar. Verifiquem se há notícias sobre a poluição das águas na região ou conversem com moradores para descobrir essas informações; registrem os depoimentos no caderno.

### Grupo 2 – Enchentes

Vocês devem pesquisar se já houve enchente no município e se é um problema constante. Verifiquem se há notícias em jornais na internet ou busquem relatos de moradores da região.

### Grupo 3 – Poluição visual

Vocês devem pesquisar se há poluição visual no município observando, por exemplo, se há uso abusivo de letreiros e propagandas. Vocês podem pesquisar imagens das ruas centrais ou comerciais do município.

### Grupo 4 – Poluição sonora

Vocês devem pesquisar se esse tipo de poluição ocorre na cidade e em que bairros ela é mais comum. Se possível, entrevistem moradores de diferentes bairros.

### Grupo 5 – Poluição do ar

Vocês devem pesquisar se há indústrias no município e se elas poluem o ar. Verifiquem também se o ar é poluído de alguma outra forma. Conversem com moradores e procurem notícias a respeito.

A pesquisa deve ser apresentada em cartazes, com fotografias e textos explicativos. Lembrem-se de colocar título no cartaz e na exposição!

Fernando Favoretto/Criar Imagem

Crianças apresentando trabalho escolar em sala de aula. São Paulo, São Paulo, 2017.

**1.** As frases a seguir falam de **ações prejudiciais ao espaço urbano**. Reescreva-as de modo que indiquem ações de proteção à natureza no lugar onde vivemos.

**a)** Jogar lixo nos rios.

_____

**b)** Não reciclar o lixo doméstico.

_____

**c)** Jogar lixo nas ruas e esgoto diretamente nos rios.

_____

**2.** Leia a tirinha:

© Maurício de Sousa Editora Ltda.

Converse com os colegas e o professor e responda:

**a)** O que o Cebolinha está fazendo?

_____

**b)** O que "realmente" ele estava pescando?

_____

**c)** Qual foi a reação dos peixes no segundo dia de pescaria do Cebolinha?

_____

_____

**3.** Se as águas que correm pelas ruas depois da chuva vão direto para os rios, quais devem ser, em sua opinião, nossas atitudes em relação ao lixo jogado nas ruas? Por quê?

_____

_____

**4.** Leia este relato:

## Moradores se unem para buscar a preservação do Bosque Córrego das Pedras

Um grupo de moradores do entorno do Bosque Córrego das Pedras está se mobilizando para buscar a limpeza e preservação do local. [...]

[...]

O morador Paulo dos Santos, que reside há 20 anos no local, relatou que a comunidade está tentando se mobilizar para preservar o Córrego das Pedras, mas encontra dificuldades.

"Quando observamos alguém jogando lixo no local, nós procuramos chamar a atenção dessa pessoa para que não faça isso, porém, não conseguimos ter controle sobre tudo que ocorre. Por isso pedimos a conscientização das pessoas nesse sentido", declarou o morador. Ele também reivindicou da prefeitura a limpeza periódica do bosque.

[...]

Bruno Rampi Marchioro. Moradores se unem para buscar a preservação do Bosque Córrego das Pedras. _Câmara Municipal de Pato Branco_, 2 fev. 2011. Disponível em: <www.camarapatobranco.com.br/noticias/1495>. Acesso em: maio 2017.

Neste capítulo conhecemos alguns problemas do espaço urbano, não é mesmo? Agora, é preciso refletir melhor sobre isso. Responda:

**a)** Por que os moradores do entorno do bosque se reuniram?

_____

**b)** De acordo com o que estudamos, por que isso é importante?

_____

_____

# Periscópio

## 📖 Para ler

**Aventuras de uma gota d'água**, de Samuel Murgel Branco. São Paulo: Moderna, 2011.
Na leitura dessa aventura, conheça a emocionante vida de uma gota de água – de onde ela vem, por onde passa e como se transforma.

**Iara e a poluição das águas**, de Samuel Murgel Branco. São Paulo: Moderna, 2011.
No folclore brasileiro, Iara é a querida protetora das águas. Seus esforços são grandes para manter a poluição longe das águas. Como poderemos ajudá-la?

**O Saci e a reciclagem do lixo**, de Samuel Murgel Branco. São Paulo: Moderna, 2011.
Nosso amiguinho Saci pensava que estava fazendo confusão, mas na realidade estava ajudando a cuidar do ambiente. Como ele fez isso? Vamos descobrir mais novidades sobre reciclagem e cuidados com o meio ambiente.

**Curupira e o equilíbrio da natureza**, de Samuel Murgel Branco. São Paulo: Moderna, 2011.
Outro protetor da natureza em nosso folclore é o Curupira. As florestas e os animais agradecem, mas como proteger esses recursos? Vamos aprender?

## ▶ Para assistir

**Wall-E**, direção de Andrew Stanton, 2008.
Como pode ficar nosso planeta se a sociedade gerar mais lixo do que pode controlar? Como viveremos no futuro? Acompanhe esse simpático robozinho na aventura de reencontrar a natureza humana perdida em um mundo poluído.

# As atividades e o ritmo do campo

**UNIDADE 7**

Horta no município de Petrópolis, estado do Rio de Janeiro, 2014.

**1.** Observe atentamente a imagem. Em seguida, converse com o professor e, junto com os colegas, responda às questões.

**a)** O que a fotografia mostra?

_____

**b)** Que tipo de atividade econômica ela retrata?

_____

**c)** Qual é o nome desse tipo de atividade?

_____

# ◈ O extrativismo

Você já ouviu falar em extrativismo? O que significa esse termo? Como é possível extrair da natureza alimentos ou outros produtos para consumo? Vamos conhecer melhor essa atividade?

**Extrativismo** é a atividade econômica que retira recursos do meio ambiente. Desenvolve-se, geralmente, de maneira artesanal: as famílias ou os profissionais trabalham manualmente ou utilizam ferramentas simples, como foices, facões, peneiras e redes.

De acordo com a origem dos produtos retirados da natureza, a atividade extrativa pode ser: **vegetal**, **animal** ou **mineral**. Observe as imagens a seguir e identifique cada tipo.

Muitas comunidades que vivem em áreas de mata extraem alimentos da natureza e também materiais para construir peças artesanais, como vemos na imagem 1. O **extrativismo vegetal** consiste na retirada de plantas, ervas, seiva, sementes e frutos de áreas de florestas, campos ou cerrados. Exemplos de produtos vegetais obtidos pela atividade extrativista: a borracha natural, extraída do látex da seringueira; a erva-mate nativa; as fibras retiradas dos galhos e das folhas da piaçava; o açaí, fruto extraído do açaizeiro; as castanhas-do-pará, retiradas do coco da castanheira; e as folhas, a seiva e os frutos da carnaúba.

Renato Soares/Pulsar Imagens

1

Indígenas da etnia krahô trabalham com folhas de palmeira de buriti para confecção de cestos. Município de Itacajá, estado do Tocantins, 2016.

A pesca é uma forma de **extrativismo animal**, quando praticada por pescadores de comunidades litorâneas ou ribeirinhas. Na imagem 2 vemos a pesca da tainha, no litoral de Santa Catarina. O **extrativismo animal** refere-se basicamente à atividade de **pesca** e **coleta** de moluscos (caramujos, ostras, lulas etc.) e crustáceos (siris, caranguejos, lagostas, camarões etc.) nos rios ou no mar, de maneira artesanal (com redes e varas), por pequenas comunidades de trabalhadores. A pesca e a coleta são fundamentais para algumas comunidades, já que servem de fonte de alimento e renda. Uma parte do pescado coletado é consumida pelas famílias e outra é vendida nos mercados e feiras livres das cidades.

Pesca de tainha no município de Balneário Rincão, estado de Santa Catarina, 2014.

O extrativismo de pedras preciosas e ouro pode ser artesanal, como vemos na imagem 3. **Extrativismo mineral** é a retirada de minerais encontrados nas rochas do subsolo ou no cascalho dos leitos e margens de rios, como diamantes, ouro e cristais. Essa atividade é feita artesanalmente pelos **garimpeiros**, trabalhadores que utilizam técnicas e ferramentas simples, como peneiras, **bateias** e mangueiras.

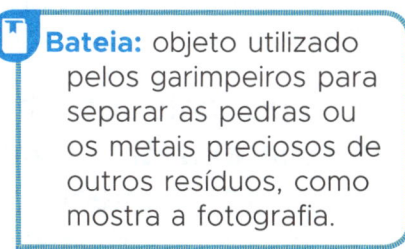

**Bateia:** objeto utilizado pelos garimpeiros para separar as pedras ou os metais preciosos de outros resíduos, como mostra a fotografia.

Garimpo de ouro no município de Senador José Porfírio, estado do Pará, 2017.

# A indústria extrativa mineral

Observe atentamente a fotografia. Ela mostra uma forma de extração mineral diferente da que vimos anteriormente.

Exploração de granito com grandes máquinas para produção de brita. Cardoso Moreira, Rio de Janeiro, 2014.

É importante reconhecer as diferenças entre extrativismo mineral e **indústria extrativa mineral**. Vimos que o extrativismo mineral é feito de maneira rudimentar, com técnicas artesanais e equipamentos simples. Já a indústria extrativa utiliza máquinas sofisticadas para retirar os minerais do subsolo, assim como demanda uma grande quantidade de operários, os mineiros. Desse modo, a produção da indústria extrativa é muito maior que a do extrativismo e causa intensa transformação na paisagem onde é realizada.

Como exemplos de indústrias extrativas minerais que atuam no espaço rural de alguns municípios brasileiros, podemos citar as de extração de ferro, de bauxita e de manganês. Com o passar do tempo e o desenvolvimento das cidades, vários locais onde se pratica essa atividade extrativista ficaram bem próximos de bairros residenciais; assim, a presença da indústria extrativa mineral também passou a caracterizar o espaço urbano.

# Textos

## Atividade extrativa em manguezais

Os manguezais (ou simplesmente mangues) são considerados "berçários" dos oceanos, pois nesses ambientes a água do mar é calma e cheia de nutrientes, lugar ideal para a reprodução de muitos animais, como caranguejos, cavalos-marinhos e várias espécies de peixe, por exemplo, algumas de tubarão.

O texto a seguir explica a rotina de catadores de caranguejos num manguezal em Cananeia, São Paulo.

**1.** Leia o texto com atenção e responda às questões.

[...] No Brasil, em todas as regiões de mangue existem pessoas que vivem da cata do caranguejo, para vender a bares e restaurantes do litoral ou a **atravessadores**, que comercializam o produto nos grandes centros. São os chamados catadores de caranguejo, que entram no mangue na vazante (maré está baixando), quando as tocas ficam descobertas. Segundo Wagner Robson Klinke, que há 20 anos trabalha capturando caranguejos nos mangues de Cananeia (SP), os catadores passam de 4 a 6 horas num imenso mar de lama, atrás desse crustáceo. Não ficam mais tempo devido ao cansaço que a atividade impõe e pelo regime de marés.

José Wilson Magalhães

> **Atravessador:** pessoa que compra do produtor e revende com preço maior para o comerciante, que, por sua vez, vende para o consumidor final. Também é chamado de **intermediário**.

Vestidos com roupas velhas, os catadores entram no mangue, que quase sempre é cortado por pequenos canais, em uma pequena canoa a remo. Para uma pessoa que nunca viu um manguezal, à primeira vista ele parece um labirinto, com canais e raízes de árvores típicas de mangue [...]. Neste ambiente, só mesmo quem o conhece bem sabe como entrar e sair sem ter algum tipo de problema.

Depois de remar, é hora de ir atrás dos caranguejos enterrados na lama. Durante a "cata", enlameado, o catador tem de enfrentar um outro desafio, vencer as nuvens de mosquitos-pólvora (maruins), pernilongos, borrachudos e a dolorida mutuca, insetos típicos destes ambientes. O catador [...] deve ter o máximo de cuidado com as raízes, onde se incrustam ostras, que, com frequência, ferem suas mãos, braços e pernas. [...]

Edison Barbieri e Jocemar Tomasino Mendonça. Na lama, a dura batalha dos catadores de caranguejo. *InfoBibos*. Disponível em: <www.infobibos.com/Artigos/2007_3/Caranguejos/Index.htm>. Acesso em: maio 2017.

**a)** A atividade descrita é de extrativismo vegetal, animal ou mineral?

_____

**b)** De acordo com o texto, como é o trabalho dos catadores de caranguejo e quais desafios eles enfrentam?

_____

_____

_____

**c)** Como o ambiente do mangue foi descrito?

_____

_____

_____

**d)** Em sua opinião, qual é a importância do mangue para a vida dos coletores de caranguejo?

_____

_____

# 🪭 A agricultura

Você já viu uma plantação ou presenciou a colheita de algum tipo de produto agrícola? Se a resposta for sim, lembra-se de qual produto era? Conte aos colegas sua experiência.

**Agricultura** é a atividade econômica voltada à produção ou ao cultivo de plantas úteis para a sociedade. Entre as variedades de plantas, estão as que servem de alimento, como frutas, legumes, verduras, grãos e outros tipos de cereais, as quais denominamos **plantas comestíveis**.

O milho é uma das plantas comestíveis mais cultivadas no mundo. O Brasil é um dos maiores produtores de milho do mundo. A fotografia mostra o cultivo de milho na região de Criciúma, Santa Catarina, 2016.

Há também diversas de plantas que são cultivadas para servir de matéria-prima para a indústria, como o algodão, a juta e a mamona, chamadas de **plantas não comestíveis**.

Plantação de algodão em Costa Rica, no Mato Grosso do Sul, 2015. O algodoeiro é uma planta não comestível. É muito cultivado porque o algodão é matéria-prima para a fabricação de tecidos usados em roupas no mundo todo.

# 🔶 A pecuária

Você sabe o que é pecuária? Existem quais tipos de criação de gado no município onde você mora? Comente com o professor e os colegas.

A finalidade da **pecuária** é a criação de animais para a produção de alimentos e de matéria-prima para a indústria. Alguns produtos obtidos pela atividade pecuária são ovos, leite, carne, couro e lã.

São muitos os tipos de criação. No Brasil, destacam-se os **rebanhos** de bovinos (bois e vacas) e de suínos (leitões e leitoas), a criação de aves, principalmente de frango para a produção de carne e de galinhas poedeiras para a produção de ovos. Veja alguns exemplos.

> **Rebanho:** conjunto de animais de criação.

Criação de bovinos em Bela Vista do Paraíso, no estado do Paraná, 2015. A criação de bovinos no Brasil é uma das maiores do mundo. Uma forma de criação é a extensiva, quando o gado cresce solto no pasto.

No Brasil, a avinocultura, ou criação de aves, como o frango, é também uma das mais importantes do mundo. Os animais são criados em granjas como a da fotografia, que fica no município de Gália, em São Paulo, 2016.

# Os nomes das criações na pecuária

Vamos conhecer um pouco melhor as denominações usadas na pecuária?

1. Pesquise no dicionário cada termo a seguir e escreva o respectivo significado na linha abaixo. Se necessário, converse com os colegas e o professor a respeito.

a) bovinocultura

_____

b) equinocultura

_____

c) suinocultura

_____

d) ranicultura

_____

e) caprinocultura

_____

f) ovinocultura

_____

# 🔷 O trabalho no campo

Você sabia que há diferentes formas de trabalho no campo? Como você acha que são essas formas de trabalho?

Em nosso país, diversas atividades são desenvolvidas no espaço rural. As principais diferenças entre elas referem-se à forma de trabalho – como a quantidade de trabalhadores e o tipo de tecnologia empregada (máquinas, ferramentas e outros equipamentos) – e também ao tamanho das propriedades rurais.

Podemos identificar duas principais formas de trabalho rural: as atividades agrícolas familiares e as atividades agrícolas modernas ou comerciais.

Vamos conhecê-las melhor?

## Atividade agrícola familiar

A **atividade agrícola familiar** desenvolve-se em pequenas e médias propriedades, como chácaras e sítios, nas quais são cultivados diferentes tipos de planta e criados animais diversos.

O trabalho é feito pelo produtor rural e por sua família, que vive na própria chácara ou sítio.

Nessas propriedades é comum que parte das tarefas seja feita manualmente, com utensílios e ferramentas simples, como enxadas, foices, arados movidos por **tração animal**, além de pequenas máquinas agrícolas.

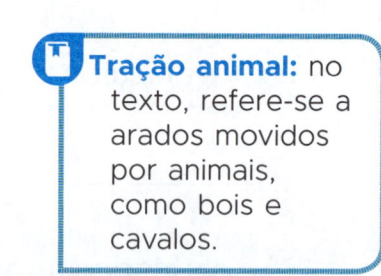

**Tração animal:** no texto, refere-se a arados movidos por animais, como bois e cavalos.

Alguns proprietários usam tecnologia, plantam sementes selecionadas e cuidam dos animais com vacinas e ração balanceada.

1. A imagem da página seguinte mostra um exemplo de atividade agrícola familiar.

   Observe-a com atenção e, em seguida, circule na ilustração todos os elementos que caracterizam esse tipo de atividade agrícola.

José Wilson Magalhães

- Agora escreva o nome de todos os elementos que você circulou. Verifique o que os colegas circularam e conversem sobre essas características.

_____

_____

_____

# Atividade agrícola moderna ou comercial

Observe a imagem a seguir e conte ao professor e aos colegas o que mais lhe chamou a atenção.

Colheita de soja em Formoso do Rio Preto, Bahia, 2017.

Essa atividade agrícola é denominada **moderna** ou **comercial**. É desenvolvida, na maioria das vezes, em grandes propriedades rurais chamadas fazendas. Geralmente cultiva-se apenas um tipo de planta por época do ano ou cria-se somente um tipo de rebanho. Apesar do tamanho das propriedades, emprega-se pouca mão de obra. Por ser uma atividade mecanizada, são necessários poucos empregados, por isso, em geral, eles são contratados pelo fazendeiro para cada etapa da produção.

Além disso, em boa parte das propriedades é utilizada tecnologia agrícola mais **sofisticada** – como máquinas (tratores, semeadeiras, colheitadeiras) –, adubos e fertilizantes, e até mesmo equipamentos para a irrigação (no caso das lavouras), além de técnicos especializados, vacinas e rações para cuidar dos rebanhos. Com isso, obtém-se grande produção, destinada totalmente à comercialização.

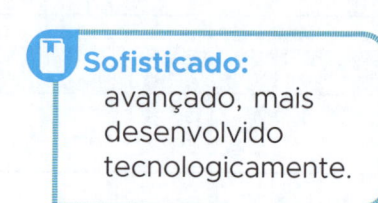

**Sofisticado:** avançado, mais desenvolvido tecnologicamente.

# Agroindústria: a indústria no campo

Você sabe o que é agroindústria? Já ouviu falar desse tipo de atividade econômica? Muitas vezes o que é produzido pela agricultura e pela pecuária é transformado no campo mesmo. Isso é feito em usinas ou fábricas instaladas no próprio espaço rural, bem próximo ao local de produção. São as **agroindústrias**, que aproveitam a proximidade com as fontes de matérias-primas e as transformam em produtos industrializados.

Veja alguns exemplos de agroindústrias.

- Usinas de álcool e açúcar: transformam a cana-de-açúcar em álcool para combustível de automóveis e em açúcar para uso culinário.

Usina de cana-de-açúcar em Barra Bonita, São Paulo, 2016.

- Fábricas de óleo vegetal: transformam, por exemplo, os grãos de soja em farelo, farinha ou óleo comestível.

- Frigoríficos: abatem frangos, bois e porcos, e preparam e empacotam as carnes para serem vendidas nos açougues e supermercados das cidades.

- Indústrias de suco concentrado: transformam laranja, uva, maracujá e outras frutas em suco.

Fábrica de suco de laranja em Uraí, Paraná, 2014.

Parte dos produtos extraídos artesanalmente no espaço rural é vendida como matéria-prima para as agroindústrias, que a transforma em outros produtos para serem consumidos nos municípios.

**1.** As ilustrações ao lado mostram o caminho percorrido por alguns produtos do extrativismo vegetal desde a sua coleta, passando pelo processamento pela agroindústria até serem vendidos ao consumidor, mas estão fora de ordem.

Você deve numerá-las na sequência da extração até o consumidor final.

**Erva-mate.**

Ilustrações: Raitan Ohi

**Açaí.**

**2.** Converse com os colegas e o professor e descubra se há algum tipo de agroindústria instalada em seu município. Se houver, onde está localizada? O que ela produz?

O professor anotará na lousa as respostas da turma para, depois, você copiar as informações no caderno.

# As estações do ano

Você estudou como ocorre a produção no extrativismo, na pecuária e na agricultura, não é mesmo? Mas será que as atividades econômicas no espaço rural acontecem da mesma maneira no decorrer do ano? Será que sempre são cultivados os mesmos tipos de planta? O que pode mudar?

Leia os poemas:

## Verão

A brisa,
No verão,
**Solfeja**
Andorinhas
Nos fios
Elétricos.

## Primavera

Para a chuva,
A terra acorda
E arruma a casa.
Acende rosas,
Abre dálias
E pinta hibiscos.
Atrás do morro
O céu desponta,
É madrugada.

Ilustrações: Reinaldo Rosa

Sérgio Capparelli. *111 poemas para crianças.*
Porto Alegre: L&PM, 2015. p. 124 e 132.

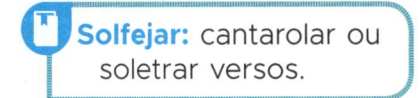

**Solfejar:** cantarolar ou soletrar versos.

Do que os poemas tratam? No que você pensou? Se foi nas estações do ano, acertou! Sim, elas influenciam as atividades no campo.

1. Os poemas falam de duas estações do ano: primavera e verão. Quais são as outras?

2. Em sua opinião, as atividades no campo podem ser diferentes no decorrer do ano, quando mudam as estações? Explique.

Além das técnicas e recursos utilizados na produção agrícola e na pecuária, existem fatores naturais que influenciam o ritmo das atividades no campo. Entre eles estão as mudanças de estação.

As **estações do ano** são quatro: **primavera**, **verão**, **outono** e **inverno**. Portanto, cada estação dura três meses, período no qual ocorrem mudanças na quantidade de chuva, na temperatura do ar, na velocidade e direção dos ventos, entre outras. Esses aspectos influenciam o ciclo de vida das plantas e o comportamento dos animais. Também interferem nas atividades e no dia a dia das pessoas que vivem nas cidades e no campo. Veja algumas características de cada estação do ano:

Ilustrações: Reinaldo Rosa

Na primavera, os dias geralmente são quentes, e as plantas florescem e brotam. No Brasil, essa estação começa no dia 22 ou 23 de setembro.

No verão, as temperaturas do ar aumentam, deixando os dias ainda mais quentes. Também podem ocorrer chuvas rápidas, que diminuem o calor. O verão inicia-se no dia 21 ou 22 de dezembro.

No outono, as temperaturas diminuem em relação ao verão. Em algumas partes do país, as folhas de árvores e plantas menores mudam de cor e caem durante essa estação, que se inicia no dia 20 ou 21 de março.

No inverno, os dias ficam mais curtos que as noites. É nessa estação que podem ocorrer as temperaturas mais baixas do ano. Em alguns lugares das regiões Sul e Sudeste do Brasil, pode haver **geada** e **neve**. O inverno começa no dia 20 ou 21 de junho.

Nas noites frias de inverno, com temperaturas abaixo de 0 °C e céu limpo, as gotinhas de orvalho que se formam sobre a superfície de plantas e objetos podem congelar-se, formando casquinhas de gelo, que chamamos de **geada**. Já nas noites com temperaturas negativas, mas com nuvens de chuva, o vapor de água das nuvens pode congelar-se e cair na forma de flocos de **neve**.

Geada em plantação. Município de Londrina, Paraná, 2016.

# As estações do ano e a produção no campo

As características naturais das estações do ano influenciam diretamente o ritmo da produção no campo e, dessa forma, as paisagens são modificadas. Observe as imagens e leia os textos que as acompanham para entender melhor como isso acontece.

A soja, o milho e o feijão são considerados culturas de verão. O cultivo dessas plantas é feito entre a primavera e o verão, geralmente entre os meses de setembro e fevereiro. Desse modo, muitas paisagens rurais nessa época estão prontas para a colheita, como a da fotografia abaixo.

Plantação de feijão em Uarini, Amazonas, 2015.

Outros cultivos, como a canola e o trigo, são considerados culturas de inverno. Essas plantas são cultivadas especialmente nos estados das Regiões Sul e Sudeste do Brasil.

Plantação de trigo em Pardinho, São Paulo, 2016.

# Agricultura indígena e estações do ano

A ilustração abaixo é de um calendário indígena elaborado por um integrante do povo suyá, do Mato Grosso. Nele, estão desenhadas algumas atividades realizadas em uma aldeia durante o ano. Observe.

**CALENDÁRIO INDÍGENA**

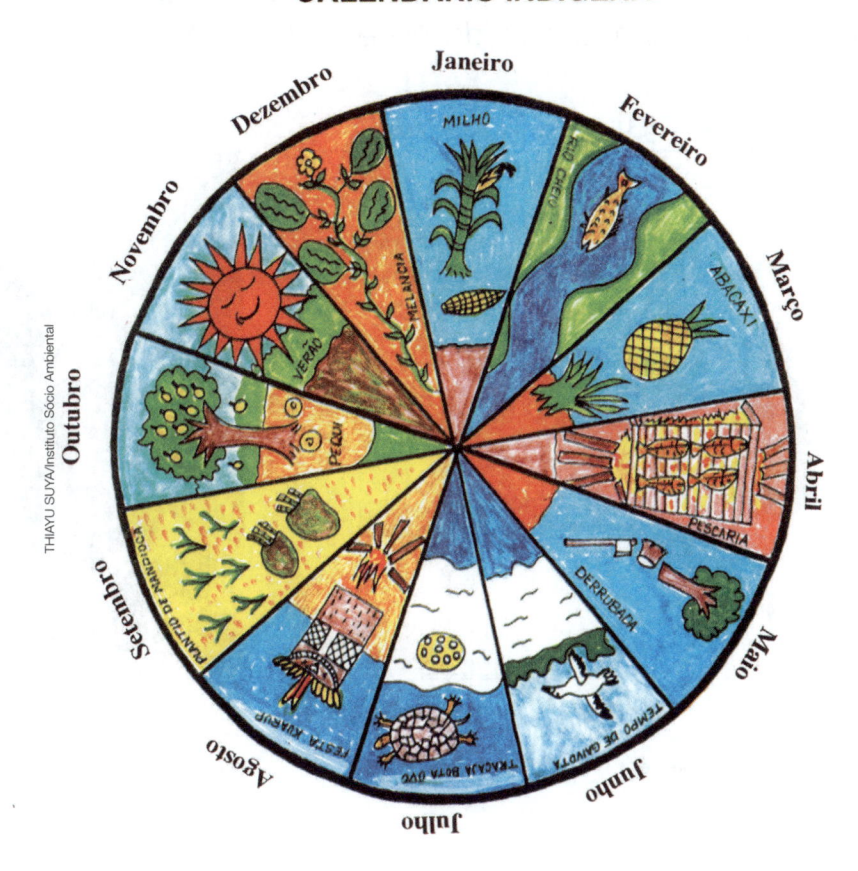

THIAYU SUYA/Instituto Sócio Ambiental

**1.** Descreva o que os desenhos mostram em cada estação do ano.

| | |
|---|---|
| **verão** | |
| **outono** | |
| **inverno** | |
| **primavera** | |

# Parque Indígena do Xingu

O desenho do calendário indígena que você viu é uma representação feita por um integrante do povo suyá, grupo que vive no Parque Indígena do Xingu. O parque é porção de terra demarcada. Mas o que isso significa? Isso significa que é uma área, ou uma extensão de terra, que foi delimitada pelo governo federal, ou seja, foram criados limites em seu entorno. Essa terra indígena está localizada no estado de Mato Grosso. Veja.

## Parque Indígena do Xingu — 2017

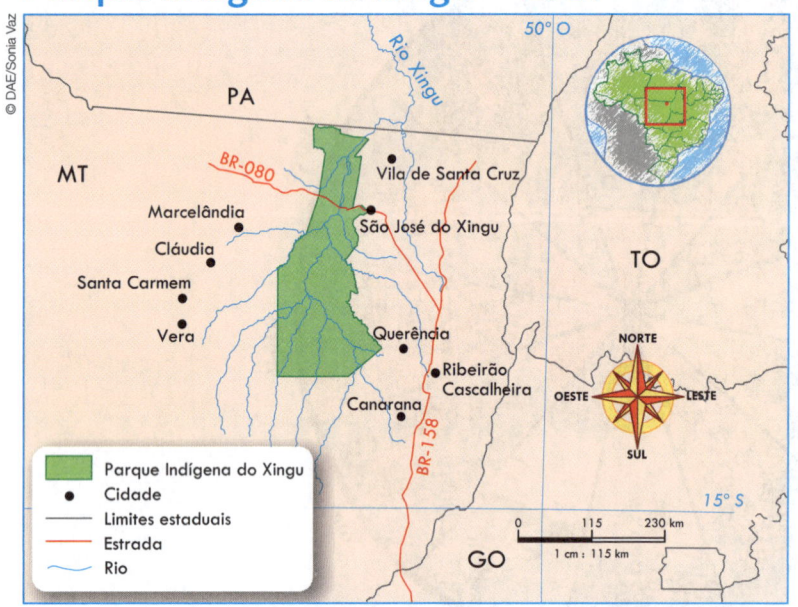

Fonte: *IMG Socioambiental*. Disponível em: <goo.gl/bU7BVA>. Acesso em: 20 set. 2017.

Competição indígena no Parque Nacional do Xingu, Mato Grosso, 2016.

O parque foi criado em 1961 com o objetivo de permitir que povos indígenas da região pudessem continuar a viver de recursos da natureza, em terra própria, sem a ameaça de atividades econômicas, como a pecuária, a agricultura e a extração. No entanto, a área do parque vem sendo ameaçada por madeireiros, que derrubam a floresta no entorno para retirar a madeira; garimpeiros, que exploram o ouro na região e causam a poluição dos rios; e agricultores, que expandem as terras de plantio até as terras indígenas.

Agora converse com os colegas: Você conhece povos indígenas que vivem em terras demarcadas em seu município ou estado ou já ouviu falar deles? Por que é importante que as terras indígenas sejam demarcadas?

**1.** Utilize as palavras dos quadros para completar o texto.

| verão | temperatura | primavera | plantas | três | campo |
|---|---|---|---|---|---|

| estações do ano | inverno | brasileiro | chuvas | outono |
|---|---|---|---|---|

As estações do ano, _____, _____ , _____ e _____, duram _____ meses. Nesse período ocorrem mudanças, por exemplo, na quantidade de chuva, _____ do ar e velocidade dos ventos. Esses aspectos interferem no ritmo de vida das pessoas e nas características das _____ e dos animais, bem como as atividades no _____, modificando as paisagens desses lugares. Entretanto, as _____ ocorrem de maneira diferente no território _____. Em grande parte do país, elas são definidas por uma maior ou menor quantidade de _____.

**2.** Seguindo o exemplo do calendário indígena da página 145, elabore, em grupo com alguns colegas, um calendário de sua comunidade. Marquem nele os meses correspondentes a cada estação do ano (primavera, verão, outono e inverno).

Em seguida, desenhem no quadro destinado a cada mês as atividades que vocês realizam durante o ano, como eventos escolares ou comemorações que envolvem o bairro ou até mesmo todo o município.

Após o término do trabalho, o professor montará uma exposição para que toda a escola conheça os calendários dos grupos!

# Os recursos naturais e o campo

O que são recursos naturais? Você poderia citar alguns deles para os colegas? Como esses recursos são utilizados pela sociedade? Será que o uso deles modifica as paisagens? É o que você estudará agora.

Veja alguns exemplos de como os recursos naturais são usados pelos seres humanos.

Em vários lugares do mundo há equipamentos que captam a radiação solar e a transformam em energia elétrica para ser utilizada em atividades no campo, em residências, em fábricas e no comércio em geral.

Usina solar em Boa Vista das Missões, no Rio Grande do Sul, em 2017.

É comum a água dos rios ser aproveitada para a irrigação de lavouras, o abastecimento das residências e a geração de energia elétrica.

Irrigação em Vargem Grande Paulista, São Paulo, em 2016.

vbacarini/iStockphoto.com

O solo é muito importante para o desenvolvimento das lavouras, pois nele encontram-se nutrientes importantes para o crescimento sadio das plantas.

Plantação em Mato Grosso do Sul, 2017.

Marcos Amend/Pulsar Imagens

A madeira extraída de árvores, sobretudo as de reflorestamento, aquelas plantadas pelos seres humanos, é um recurso natural usado na construção de casas e prédios, assim como para a produção de móveis.

Plantação de Pinus em Ponta Grossa, Paraná, em 2015.

**1.** Que elementos da natureza são identificados nas imagens?

**2.** Em sua opinião, por que esses elementos utilizados pelos seres humanos são chamados de recursos naturais?

Chamamos de recursos naturais todos os **elementos da natureza** utilizados pelas atividades humanas. São exemplos de recursos naturais: as plantas, comestíveis ou não; as árvores, os animais; os minerais encontrados nas rochas; o solo; o vento; a água das chuvas, dos rios, dos lagos, dos lençóis subterrâneos e do mar; e até mesmo a luz do Sol.

# Imagens

A exploração de recursos naturais pode causar grandes transformações nas paisagens do espaço rural. Entre as atividades econômicas que mais causam impactos está a extração mineral. Em vários estados brasileiros encontramos grandes áreas de extração de minério, por exemplo. Nessas áreas, há a escavação de morros inteiros para a retirada das rochas que contêm esse metal. Observe na fotografia abaixo.

Área de extração de minério de ferro no município de Congonhas, estado de Minas Gerais, em 2016.

**1.** O que foi transformado nessa paisagem? Como você chegou a essa conclusão? Antes de responder, converse com os colegas e verifique o que eles pensaram sobre isso.

_____

_____

_____

_____

# Os problemas ambientais no campo

**1.** Seguindo as orientações do professor, escreva um pequeno texto sobre o que você observa em cada uma das ilustrações a seguir.

Ilustrações: Vagner Coelho

_____

_____

_____

_____

_____

_____

Vagner Coelho

---

---

---

O exemplo de exploração mineral citado na página 150 e a sequência de imagens das páginas 151 e 152 mostram que, por meio do trabalho, os seres humanos podem transformar intensamente as paisagens e os elementos da natureza. Essas transformações trazem consequências ao ambiente natural, e muitas delas podem ter efeitos negativos, causando vários problemas.

Um desses problemas é a derrubada da vegetação natural de uma área para a criação de gado ou para a plantação de lavouras. Nas imagens anteriores você viu o exemplo da retirada da vegetação para preparar a terra para o plantio (imagem A). Depois da colheita (imagem B), o solo ficou sem cobertura vegetal e desprotegido, facilitando a ocorrência de erosão (imagem C). Em outras palavras, sem vegetação e sem preparo correto, o solo pode ser mais facilmente erodido pelas águas das chuvas e pelo vento.

# O que é erosão?

A **erosão** é um fenômeno que ocorre naturalmente em toda a superfície de nosso planeta. Ela pode ser causada pela ação das águas das chuvas e dos rios, dos ventos e também das geleiras. É uma das maneiras da natureza de modelar as diferentes formas de relevo.

A erosão, porém, é intensificada pela ação dos seres humanos. Um exemplo disso é quando o solo fica exposto e sem vegetação. Quando as águas das chuvas caem sobre a superfície desprotegida, carregam com mais rapidez porções de solo, formando grandes buracos e deixando os terrenos impróprios para a agricultura e a pecuária.

## Para saber mais

## Impactos causados por agrotóxicos

Outro grave problema ambiental que vem ocorrendo no campo é o uso excessivo de produtos químicos ou biológicos, também chamados de **agrotóxicos**. Eles são utilizados para matar pragas que danificam as lavouras, como ervas daninhas, insetos, pequenos roedores e outros seres causadores de doenças em plantas, como fungos e bactérias. Esses produtos químicos e biológicos penetram no solo, contaminando-o e, com as chuvas, são transportados para os rios, infectando e matando peixes e outros seres vivos aquáticos.

Veja como isso pode acontecer.

José Wilson Magalhães

Os produtos químicos e biológicos penetram no solo e causam contaminação. A água das chuvas carrega essas substâncias tóxicas para os rios.

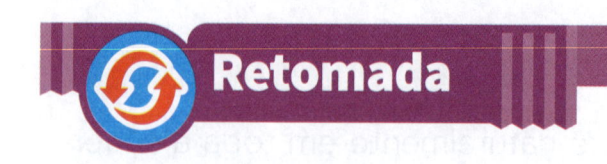

**Retomada**

**1.** De acordo com o que você estudou nesta unidade, escreva as principais características:

**a)** do extrativismo;

_____

_____

_____

**b)** da agricultura;

_____

**c)** da pecuária.

_____

_____

**2.** Crie, no caderno, uma tabela para organizar as frases a seguir, que descrevem algumas características tanto da atividade agrícola familiar quanto da atividade agrícola moderna ou comercial. Faça como o modelo.

| Atividade agrícola familiar | Atividade agrícola moderna ou comercial |
|---|---|
| | |

Atividade geralmente desenvolvida em pequena propriedade.

Plantio, geralmente, de uma única cultura.

Utiliza, preferencialmente, mão de obra familiar.

Usa ferramentas e técnicas de plantio simples.

Utiliza máquinas e técnicas de produção mais sofisticadas.

Alguns dos alimentos são produzidos pela própria família.

Os produtos são destinados ao comércio com as indústrias.

**3.** O texto a seguir relata um problema ambiental no espaço rural. Leia-o com atenção e responda às questões.

## Garimpeiros transformam a floresta intocada em paisagem lunar

Como tatus, os aventureiros cavam muitas trincheiras e vão transformando a floresta, antes intocada, numa paisagem lunar. A lama da garimpagem vaza para o rio, misturada ao mercúrio que, apesar de proibido, é usado às claras para purificar o ouro.

*Jornal Livre*. Disponível em: <www.jornallivre.com.br/125611/ garimpeiros-transformam-a-floresta-intocada-em-paisagem-lunar.html>. Acesso em: 29 maio 2017.

**a)** Qual é a atividade econômica que ocasiona o problema ambiental citado no texto?

_____

_____

_____

**b)** Quais são os recursos naturais afetados pela atividade?

_____

_____

**c)** Em sua opinião, quais atitudes seriam possíveis para evitar a ocorrência do problema citado no texto? Leia sua resposta para os colegas da turma.

_____

_____

_____

_____

## 📖 Para ler

**Quatro estações e um trem doido**, de Ziraldo. São
Paulo: Melhoramentos, 2009.
O Bebê Maluquinho apagou a primeira velinha. Já viajou pelo tempo. Descobriu o verão, o outono, o inverno e adorou a primavera.

**Uma viagem para o campo**, de Rosaly Braga Chianca e
Leonardo Chianca. São Paulo: Ática, 1997.
O cotidiano da simpática família Sousa é o pano de
fundo para a introdução de conceitos e temas básicos
da geografia. Temas abordados: zona rural, trabalho
no campo, rios, evolução dos meios de comunicação.

**Um dia, um rio**, de Leo Cunha. São Paulo: Editora Pulo
do Gato, 2016.
Conheça um dos maiores desastres ambientais ocorridos no Brasil sob um olhar diferente, poético, mas muito grave.

## 👆 Para acessar

**Ciência Hoje das Crianças:** você sabia que os agrotóxicos podem ser
bons e ruins ao mesmo tempo? O texto disponível nesse *site* vai
explicar como isso é possível.
Disponível em: <http://chc.org.br/mocinho-ou-vilao-2>.
Acesso em: maio 2017.

**Animação sobre como acontecem as estações do ano!**
Disponível em: <www.noas.com.br/ensino-fundamental-1/geografia/
estacoes-do-ano>. Acesso em: maio 2017.

# Campo e cidade: espaços integrados

**UNIDADE 8**

**1.** Observe a sequência de imagens a seguir.

Ilustrações: Isabela Santos

Agora pense e responda:

• O que a sequência de desenhos mostra?

• Em sua opinião, há ligação entre as atividades do espaço rural e as do espaço urbano? Explique.

# As relações entre o campo e a cidade

Você usa diariamente algum produto que venha diretamente do espaço rural? Qual? Consegue imaginar o caminho que esse produto percorre do espaço rural até sua casa?

Para estudar mais esse assunto, vamos observar a imagem a seguir. Identifique o que é produzido no espaço urbano e no espaço rural. Em seguida, faça o que se pede.

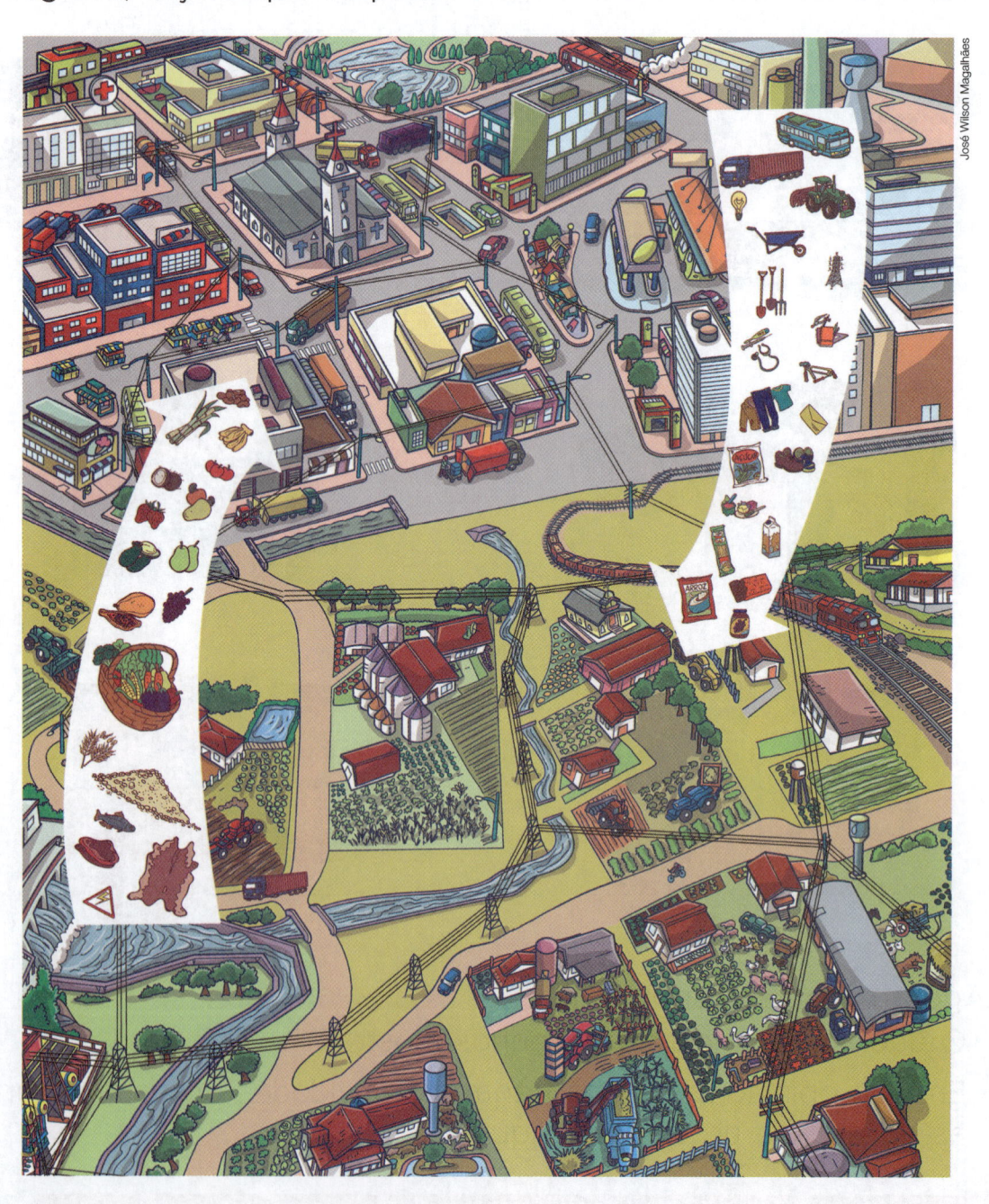

José Wilson Magalhães

**1.** Trace uma linha que separe o espaço urbano do espaço rural.

**2.** Circule as vias que ligam ambos os espaços.

**3.** Quais são os meios de transporte que circulam entre o campo e a cidade na imagem?

_____

**4.** Você usa algum desses meios de transporte para ir de casa à escola?

_____

_____

**5.** Você conhece alguém que transita, todos os dias, entre o espaço urbano e o espaço rural? Quem é essa pessoa? Qual meio de transporte utiliza?

_____

_____

_____

**6.** Observe as setas na ilustração e responda às questões.
   **a)** Quais produtos, em geral, o campo fornece para as cidades?

_____

_____

_____

   **b)** E quais produtos e serviços, em geral, a cidade fornece para o campo?

_____

_____

_____

_____

**7.** Reescreva as frases substituindo cada desenho pela palavra correspondente a ele.

a) Uma indústria de roupas localizada no espaço urbano, além da matéria-prima, que é o _____, também necessita, para o funcionamento das máquinas, da _____ produzida no espaço rural.

b) As _____ são usadas no espaço rural para auxiliar na produção e colheita do _____, que será transportado por um _____ até o espaço urbano. Lá o milho será industrializado e vendido no _____.

c) A atividade _____ é característica do espaço rural, porém é no espaço urbano que encontramos a _____ no _____. No espaço urbano também encontramos produtos feitos de couro, como _____, _____ e _____, que são bens produzidos com essa matéria-prima.

Os exemplos que você viu mostram que os espaços urbano e rural não estão isolados e as atividades econômicas promovem a integração deles.

Ainda que se desenvolvam em cada espaço do município – rural e urbano – atividades econômicas diferentes, é importante entender que todas dependem umas das outras: a troca de produtos e de serviços é necessária. Assim, podemos dizer que o espaço urbano e o espaço rural são integrados.

É importante lembrar que a integração não ocorre somente entre os espaços rural e urbano de um mesmo município mas também entre vários municípios, estados ou países.

# ☷ Telecomunicações e transportes

De que maneira ocorre a integração entre os espaços urbano e rural de um município? Como as pessoas circulam entre esses espaços? De que modo o território de um município está interligado? Você sabe explicar?

Observe as fotografias.

Telefones celulares, rádios, televisores e internet são meios de telecomunicação que ligam o espaço rural ao espaço urbano.
Casa com antena parabólica de televisão, zona rural de Bueno Brandão, Minas Gerais, 2016.

Caminhões, trens e barcos transportam a produção do campo para as cidades, ou vice-versa. Caminhão entrega alimentos na cidade de São Paulo, estado de São Paulo, 2017.

1. Para que haja circulação de produtos, pessoas e informações entre o espaço urbano e o rural, os meios de telecomunicação e de transporte são imprescindíveis.

Você usa algum meio de telecomunicação ou de transporte no dia a dia? Quais? Escreva nas linhas abaixo.

# Os meios de telecomunicação

Entre os **meios de telecomunicação** podemos destacar: o **rádio**, a **televisão**, o **telefone** e a **internet**, que acessamos por computadores e aparelhos como *tablets* e telefones celulares.

Quando as pessoas, os órgãos públicos ou as empresas utilizam alguns desses equipamentos, as informações entre o espaço rural e o espaço urbano são recebidas e transmitidas instantaneamente, em quase todos os lugares do mundo.

Podemos classificar os meios de telecomunicação em dois grupos.

**Meios de telecomunicação individual**: são os que proporcionam a troca de informações entre duas ou mais pessoas. Esses meios auxiliam no comércio de produtos e nas atividades econômicas do campo e da cidade. Entre eles, podemos citar o telefone fixo, o telefone celular e a internet.

**Meios de telecomunicação de massa**: rádio, televisão e novamente a internet, com *sites* de divulgação ou notícias, são os principais meios de telecomunicação de massa. Esses meios são classificados como "de massa" porque possibilitam a transmissão de informações a um grande número de pessoas ao mesmo tempo. Com eles, recebemos informações e notícias de acontecimentos de outras cidades, estados e países quase no momento em que os fatos acontecem.

Ilustrações: José Wilson Magalhães

# A tecnologia e os meios de telecomunicação

Atualmente, os meios de telecomunicação transmitem informações com muita rapidez por meio dos recursos tecnológicos.

Observe as imagens a seguir.

Adolescentes conversam por meio de aplicativo de comunicação de vídeo. Londres, Inglaterra, 2015.

Torre de telecomunicações no Pico da Caledônia. Nova Friburgo, Rio de Janeiro, 2017.

Mulher utiliza aparelho de telefone celular em ônibus. Rio de Janeiro, estado do Rio de Janeiro, 2014.

O diálogo entre usuários de telefone, as imagens da internet e da televisão e o som do rádio são transmitidos por cabos subterrâneos, marítimos ou aéreos, satélites artificiais que giram em torno da Terra ou grandes antenas de transmissão.

A internet e os telefones celulares são os meios de comunicação cujo número de usuários mais aumenta no Brasil. Pelos celulares e computadores conectados à internet, as pessoas acessam, por exemplo, notícias de jornais de muitos lugares do mundo e trocam mensagens instantaneamente, por meio de aplicativos etc.

Com essas tecnologias podemos contatar parentes e amigos que estejam em locais distantes, estabelecer comunicação com órgãos de governo, pesquisar em fontes diversas e comprar de tudo, de roupas a imóveis e alimentos.

## Povos indígenas e tecnologia

Já sabemos que a maioria dos povos indígenas vive de forma tradicional, de acordo com os costumes herdados dos antepassados. Porém, viver de forma simples e respeitar a natureza não significa que eles não usem recursos tecnológicos modernos. O poema abaixo brinca com essa realidade bem atual dos povos indígenas brasileiros.

Na aldeia dos curuipaques
um índio, de laptop,
pra lua envia um fax.
bibop laptop
dos curuipaques
faz um leque de laptop

e um pajé canta num sax.
bibop laptop
dos curuipaques [...]
Na aldeia dos curuipaques
um índio, de laptop,
da lua recebe um fax.

Isabela Santos

Sérgio Capparelli. *33 ciberpoemas e uma fábula virtual.*
Porto Alegre: L&PM, 1996. p. 34.

**1.** Gostou do poema? Já tentou lê-lo bem rápido? Não? Então tente para ouvir como é divertido.

**2.** Marque todas as palavras do poema que você não conhece e pesquise no dicionário. São meios de comunicação? Se sim, quais são eles e para que servem? Escreva o significado deles e responda às perguntas no caderno.

Muitas vezes conhecemos um pouco mais da cultura dos povos indígenas brasileiros somente por meio de reportagens na televisão. Mas é bom saber que várias comunidades indígenas utilizam tecnologias modernas para transmitir notícias e divulgar seus costumes e tradições. A Rádio Yandê, por exemplo, é a primeira rádio indígena do Brasil em formato digital, ou seja, que funciona pela internet. Ela está disponível no *site*: <http://radioyande.com/default.php?pagina=blog.php>. Lá você ouvirá diversos estilos de música e lerá notícias bem recentes sobre povos indígenas de todas as partes do país. Acesse e faça bom proveito!

http://radioyande.com/ - Acesso em 03/06/2017

# Os meios de transporte

As pessoas se deslocam de um lugar a outro e levam produtos e mercadorias pelos meios de transporte. Os meios de transporte têm um papel muito importante nas relações entre o espaço rural e o urbano dos municípios e entre os diferentes lugares do Brasil e do mundo.

Em geral, usamos três tipos de meios de transporte: aéreos, aquáticos e terrestres.

Meios de transporte **aéreos** são muito rápidos em comparação aos outros. Eles podem transportar pessoas, cargas e mercadorias em um tempo mais curto, mas seu custo é bastante elevado.

Há vários tipos de avião. Os mais conhecidos são os que transportam muitas pessoas e cargas. Outro meio de transporte aéreo utilizado nas grandes cidades é o helicóptero. Fotografia de aeroporto em São Paulo, São Paulo, 2015.

Nos meios de transporte **aquáticos** as vias de circulação podem ser o mar (via marítima) e os rios (vias fluviais). Esse tipo de meio de transporte é mais lento que os outros, porém carrega produtos variados e em grande quantidade, além de ter um custo mais baixo.

Em nosso país, esse tipo de transporte é usado principalmente no comércio com outros países e no transporte de pessoas e mercadorias. Em lugares como a Amazônia, por exemplo, os barcos são muito utilizados e, na maioria das vezes, são a única forma de locomoção.

Na Amazônia as pessoas usam barcos para se locomover e carregar mercadorias. A fotografia mostra o barco de um morador em Barreirinha, estado do Amazonas, em 2015.

Os meios de transporte **terrestres** são os que utilizam ruas e avenidas, rodovias e ferrovias como vias de circulação. Carros, caminhões, ônibus, trens, metrôs, motocicletas e bicicletas são exemplos de transportes terrestres de pessoas e mercadorias.

Fotografia da Marginal Pinheiros, na cidade de São Paulo, estado de São Paulo, 2017. Essa via fica congestionada por causa do grande número de pessoas que usam transportes terrestres de vários tipos.

**1.** Classifique os meios de transporte a seguir em aéreos, aquáticos e terrestres. Escreva a respectiva classificação nos espaços indicados.

# Os transportes e as mudanças na paisagem

A construção de estradas, ferrovias, aeroportos, portos e dos respectivos terminais de carga, praças de pedágio, entre outros, transforma as paisagens. Muitas vezes essa transformação pode causar graves problemas ambientais.

Veja alguns exemplos.

Porto do Açu, São João da Barra, Rio de Janeiro, 2012.

Construção de ponte em Itambaracá, Paraná, 2016.

167

Luciana Whitaker/Pulsar Imagens

Construção de túnel em Miracatu, São Paulo, 2015.

Agora converse com o professor e os colegas a respeito do que mostram as imagens e responda:

**1.** Que tipo de vias de transporte estão sendo construídas:

**a)** Na imagem 1?

_____

**b)** Na imagem 2?

_____

**c)** Na imagem 3?

_____

**2.** Que tipos de transformação você identificou na paisagem:

**a)** Na imagem 1?

_____

**b)** Na imagem 2?

_____

**c)** Na imagem 3?

_____

**3.** Você já observou alguma transformação da paisagem causada por esse tipo de atividade em seu município? Qual?

_____

_____

_____

## Isto é Cartografia

# Observando mapas – Os símbolos

Leia o título e um trecho da reportagem e, com os colegas, discuta as questões a seguir.

### Empresa lança camisa com ícones que se comunicam em qualquer língua

Símbolos estampados na blusa indicam locais como banheiros, cafés e transporte público.

Empresa lança camisa com ícones que se comunicam em qualquer língua. Caderno Boa viagem. *O Globo*, 20 abr. 2016. Disponível em: <https://oglobo.globo.com/boa-viagem/empresa-lanca-camisa-com-icones-que-se-comunicam-em-qualquer-lingua-19126434#ixzz4awoJd3tf>. Acesso em: 15 maio 2017.

1. A que se refere o título da reportagem?

2. Em sua opinião, esse produto é útil? Por quê?

3. Você usaria essa camiseta? Por quê?

A camiseta foi criada com o objetivo de auxiliar pessoas que não falam a mesma língua a se comunicarem. Assim como nessa camiseta, para interpretarmos as informações de um mapa, muitas vezes é necessário identificar os símbolos representados nas legendas.

O conjunto de vias por onde circulam os meios de transporte – estradas, rodovias, ferrovias, portos e **hidrovias** – é chamado de **rede de transportes** ou **rede viária**.

>  **Hidrovia:** parte navegável de rios usada para transporte e comunicação.

## Brasil: redes de transporte

Fonte: IBGE. *Atlas geográfico escolar*. 7 ed. Rio de Janeiro: IBGE, 2016. p. 143.

A legenda dos mapas indica o significado do que está representado por meio de símbolos. Observe parte das informações da legenda do mapa anterior.

| | | |
|---|---|---|
| —— | **Hidrovias** | → As hidrovias são representadas por linhas azuis. |
| —— | **Rodovias principais** | → As rodovias são representadas por uma linha vermelha. |
| ┼┼┼ | **Ferrovias** | → As ferrovias são representadas por uma linha preta cortada por risquinhos. |
| ✈ | **Aeroportos** | → Os aeroportos são indicados pelo desenho de um avião. |
| ⚓ | **Portos** | → Os portos são indicados pelo desenho de um navio. |
| —— | **Limites estaduais** | |
| —— | **Limites internacionais** | |
| ■ | **Capital de estado** | |

**1.** Agora veja o mapa da rede de transporte do estado da Bahia. Em seguida, identifique o significado das informações da legenda e complete-a na tabela.

## Bahia: redes de transporte (2014)

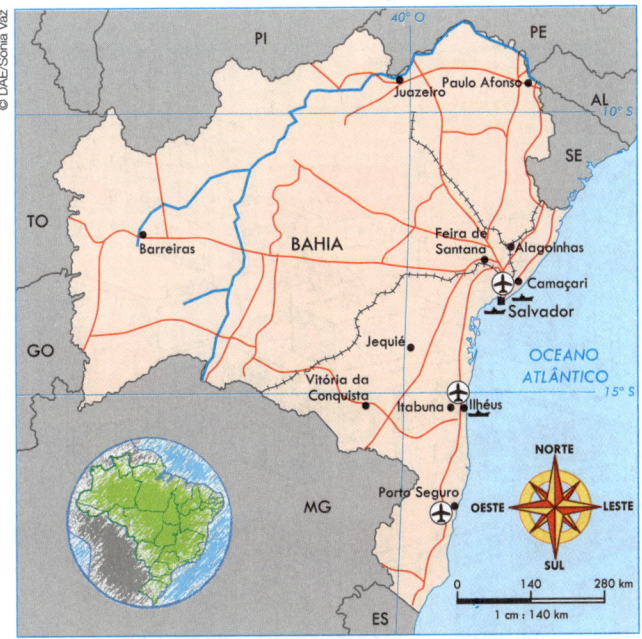

Fonte: IBGE. *Atlas geográfico escolar*. 7 ed. Rio de Janeiro: IBGE, 2016.

| Símbolos da legenda | Significado |
|---|---|
| ■ | capital do estado |
| ● | |
| —— | |
| —— | hidrovia |
| ┼┼┼┼ | |
| ⚓ | |
| ✈ | |

**1.** O espaço urbano e o espaço rural são integrados pelas atividades econômicas. Explique, com suas palavras, o que você entendeu sobre o modo como essa integração ocorre.

_____

_____

_____

_____

_____

_____

**2.** Observe com atenção a ilustração a seguir. Circule os meios de telecomunicação e faça um **X** nos meios de transporte representados.

Ricardo Dantas

- Agora classifique os equipamentos que possibilitam a telecomunicação e os transportes da cena escrevendo-os no quadro a seguir.

| Telecomunicação | Transporte |
| --- | --- |
|  |  |
|  |  |
|  |  |
|  |  |
|  |  |

**3.** Todo o conforto e a agilidade proporcionados pelos meios de comunicação é algo muito recente! Se voltarmos no tempo, há cerca de 80 anos, na época dos nossos avós ou bisavós, as notícias eram transmitidas principalmente por meio do rádio, de jornais e revistas, já as comunicações particulares eram feitas por meio de cartas e telegramas.

Pergunte a um adulto de sua família como eram os meios de comunicação quando ele era criança. Anote as respostas no caderno e depois leia para os colegas.

Família ouve rádio em Pittsburgh, Estados Unidos, 1946.

## 📖 Para ler

**O mundo do meu amigo**, de Ana Cecília Carvalho e Robinson Damasceno dos Reis. São Paulo: Formato, 1996.
Fred e Júlio são amigos da escola. Nas férias, os dois vão para a fazenda de Júlio. Os dois ambientes – urbano e rural – são os cenários e também os personagens das descobertas dos meninos desses universos tão diferentes, embora interdependentes.

**Contos dos curumins guaranis**, de Jeguaká Mirim e Tupã Mirin. São Paulo: FTD, 2014.
Depois de mais de 500 anos de contato com os homens brancos, muitos povos indígenas perderam sua língua, suas terras e até foram extintos. As oito histórias do livro revelam um pouco do modo de vida que o povo guarani ainda conserva.

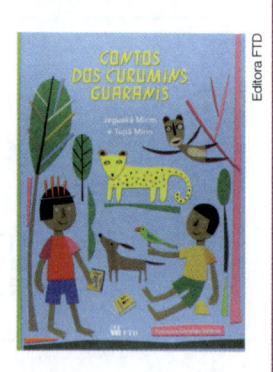

**Do campo à mesa: o caminho dos alimentos**, de Teddy Chu. São Paulo: Moderna, 2012.
Do plantio à colheita, da criação de animais à distribuição dos alimentos: tudo depende do trabalho de muitas pessoas.

## 👆 Para acessar

**Descobrindo os meios de transporte:** ao montar o quebra-cabeça, você descobrirá o meio de transporte escondido!
Disponível em: <www.noas.com.br/ensino-fundamental-1/geografia/descobrindo-meios-de-transporte>. Acesso em: dez. 2017.

**Descobrindo os meios de comunicação:** para você conhecer melhor os meios de comunicação.
Disponível em: <www.noas.com.br/ensino-fundamental-1/geografia/descobrindo-meios-de-comunicacao>. Acesso em: dez. 2017.

# Referências

ALDEROQUI, Silvia. *Paseos urbanos* – El arte de caminar como práctica pedagógica. Buenos Aires: Lugar Editorial, 2012.

ALMEIDA, Rosângela D. de (Org.). *Cartografia escolar*. São Paulo: Contexto, 2007.

_____. *Do desenho ao mapa*: iniciação cartográfica na escola. São Paulo: Contexto, 2006.

_____; PASSINI, Elza Y. *O espaço geográfico*: ensino e representação. São Paulo: Contexto, 2010.

ANUÁRIO estatístico do Brasil 2016. Rio de Janeiro: IBGE, 2015. Disponível em: <https://biblioteca.ibge.gov.br/biblioteca-catalogo?id=720&view=detalhes>. Acesso em: 3 out. 2017.

ATLAS geográfico escolar. Rio de Janeiro: IBGE, 2016.

BRANCO, Samuel M. *O ambiente de nossa casa.* São Paulo: Moderna, 1995.

BRASIL. Ministério da Educação. Secretaria de Educação Básica. *Diretrizes Curriculares Nacionais Gerais da Educação Básica.* Brasília, 2000.

_____. Secretaria de Educação Fundamental. *Parâmetros Curriculares Nacionais*: primeiro e segundo ciclos do Ensino Fundamental: Geografia. Brasília, 2000.

_____. Ministério da Educação. *Base Nacional Comum Curricular.* Brasília, 2017. Disponível em: <http://basenacionalcomum.mec.gov.br/wp-content/uploads/2018/04/BNCC_19mar2018_versaofinal.pdf>. Acesso em: 2 maio 2018.

_____. MEC; SEF; DPEF; Instituto Socioambiental; Coordenação de Geral de Apoio às Escolas Indígenas. *Geografia indígena*: Parque Indígena do Xingu. Brasília, 1988.

CARLOS, Ana Fani A. A *Geografia em sala de aula.* São Paulo: Contexto, 1999.

CASTELLAR, Sonia (Org.). *Educação geográfica*: teorias e práticas docentes. São Paulo: Contexto, 2001.

CAVALCANTI, Lana de Souza. *A Geografia escolar e a cidade*: ensaios sobre o ensino de Geografia para a vida urbana cotidiana. Campinas: Papirus, 2008.

KIMURA, Shoko. *Geografia no Ensino Básico* – Questões e respostas. São Paulo: Contexto, 2010.

LE SANN, Janine. *Geografia no Ensino Fundamental 1.* Belo Horizonte: Fino Traço, 2011.

_____. *A caminho da Geografia*: uma proposta pedagógica. Belo Horizonte: Dimensão, 2005. v. 3 e 4.

LIEBMANN, Marian. *Exercícios de Arte para grupos*: um manual de temas, jogos e exercícios. São Paulo: Summus, 2000.

MARCONDES, Beatriz; MENEZES, Gilda; TOSHIMITSU, Thaís. *Como usar outras linguagens na sala de aula.* São Paulo: Contexto, 2000.

MATOS, Regiane Augusto de. *História e cultura afro-brasileira.* São Paulo: Contexto, 2007.

MENDONÇA, Francisco de Assis. *Geografia e meio ambiente.* São Paulo: Contexto 1993.

MORETTO, Vasco Pedro. *Prova*: um momento privilegiado de estudo, não um acerto de contas. Rio de Janeiro: Lamparina, 2010.

OLIVEIRA, Cêurio de. *Dicionário cartográfico*. Rio de Janeiro: IBGE, 1993.

PIÑON, Ana; FUNARI, Pedro Paulo. *A temática indígena na escola.* São Paulo: Contexto, 2014.

SANTAELLA, Lucia. *Leitura de imagens.* São Paulo: Melhoramentos, 2012.

SCHÄFFER, Neiva Otero et al. *Um globo em suas mãos*: práticas para a sala de aula. Porto Alegre: Editora da UFRGS, 2003.

SIMIELLI, Maria Elena Ramos. *Primeiros mapas*: como entender e construir. São Paulo: Ática, 2007. v. 3 e 4.

ZABALA, Antoni (Org.). *Como trabalhar os conteúdos procedimentais em aula.* Porto Alegre: Artmed, 1999.